苏格拉底的申辩

〔古希腊〕柏拉图 著　李俊波 编译

北方妇女儿童出版社

·长春·

图书在版编目（CIP）数据

苏格拉底的申辩 ／（古希腊）柏拉图著 ； 李俊波编

译． -- 长春 ： 北方妇女儿童出版社，2025．7． -- ISBN

978-7-5585-9529-5

Ⅰ．B502.231

中国国家版本馆CIP数据核字第2025SF6940号

苏格拉底的申辩
SUGELADI DE SHENBIAN

出 版 人	师晓晖	
责任编辑	张晓峰	
开　　本	880mm×1230mm　1/32	
印　　张	6.5	
字　　数	108千字	
版　　次	2025年7月第1版	
印　　次	2025年7月第1次印刷	
印　　刷	三河市嵩川印刷有限公司	
出　　版	北方妇女儿童出版社	
发　　行	北方妇女儿童出版社	
地　　址	长春市福祉大路5788号	
电　　话	总编办：0431-81629600	

定　　价　98.00元

前　言

在人类思想浩瀚的海洋中，经典著作宛如夜空中璀璨夺目的星辰，以其深邃的光芒照亮着文明前行的漫漫征途。我们阅读经典，无疑是构筑学问大厦的坚固基石，能够把我们推到巨人的肩膀上，触摸人类智慧的巅峰。然而，经典所蕴含的深邃思想并非人人都能轻易领悟，那么很好地翻译呈现经典作品，就犹如一把神奇的钥匙，能够为我们开启正确理解经典的智慧之门。

《苏格拉底的申辩》作为西方哲学巨匠柏拉图笔下的一部重要著作，堪称整个西方思想史那扇庄严而厚重的大门，具有普世的思想意义。这部作品以雅典法庭为独特舞台，以充满思辨的对话作为精妙载体，将苏格拉底在面对死亡时所展现出来的理性、勇气与智慧，凝固成了一座永恒不朽的哲学丰碑。

这部经典之作由古希腊著名哲学家苏格拉底三次精彩演说精心构成，每一次演说都不仅仅是苏格拉底个人命运的重大转折点，更是人类思想史上对于真理、正义与死亡这些永恒命题的深刻叩问。作品紧紧围绕这一独特结构，深入勾勒其核心主题，为读者铺设了一条通向这部经典作品的思想路径。

为此，笔者对作品进行了精心翻译和编辑，集导读、原典、注释、点评于一体，希望通过这种全面而细致的编排，为读者提供一个全方位、多角度理解这部经典的平台，使其很好地呈现这部经典，很好地为读者传递思想光芒。

在导读部分，我们细致梳理审判背后的政治背景与复杂的思想脉络，帮助读者理解这场审判所处的时代环境；注释部分则聚焦于古希腊语汇所蕴含的哲学意涵与历史典故，为读者解开语言背后的深层密码；点评部分将切入文本的逻辑张力与现代回响，引导读者思考这部经典在当代社会的价值与意义。

让我们将时光回溯到公元前 399 年，在雅典城邦的陪审法庭上，70 岁的苏格拉底面临着"不信城邦诸神、引进新神、败坏青年"的严厉指控。从表面上看，这场审判似乎是诗人莫勒图斯、修辞家吕孔与政治家阿努图斯等人合谋的结果，但在其深层暗流中，却涌动着民主制复辟后弥漫的政治猜忌。这场审判不仅仅是对苏格拉底个人的审判，更是雅典城邦在面对新思想冲击时的一种集体焦虑与不安的体现。

苏格拉底虽然未能说服法官，他最终还是被判处死刑，但是他在申辩期间非凡高尚的表现赢得了世人称赞，也为他赢得了永恒不朽的历史地位。他的申辩以其深刻智慧和自信外表闻名的同时，还体现了他的文明进步。更重要的是，体现了他对于公共权利及宪法的尊重和敬仰，并以自身受害者身份注重考虑别人情况，充分反映了伟大的哲学思想和宇宙真理。

这部作品在内容上丰富多彩、包罗万象，"文气"更是独特而迷人。它既有插科打诨般的反讽，让人在忍俊不禁中思考深邃的哲理；又有肃穆悲壮的吟咏，令人在庄严肃穆的氛围中感受到生命的沉重与尊严。肃剧与谐剧在这部作品中交织在一起，形成了一种独特的艺术魅力。苏格拉底在法庭辩论中的戏谑幽默，展现了他面对死亡时的从容与豁达；定罪后的悲壮呐喊，则表达了他对真理与正义的执着追求；而对于支持者们的深情演讲，更是流露出他内心深处的善良与温情。这些不同的表现共同塑造了一个鲜活而立体的苏格拉底形象，使他仿佛穿越时空，栩栩如生地站在我们面前。

在翻译呈现这部经典的过程中，笔者广泛查阅了众多现代西语译本，力求汲取各家之长，同时结合汉语表达的独特优势，力求精准无误地传达原作精髓。笔者深知，每一个词汇、每一句话语都承载着苏格拉底的思想与情感，容不得半点儿马虎。同时，经过精心选择和梳理的各家注释，以及笔者的评议和阐释，都旨在帮助读者深入理解经典，避免因望文生义而产生误解。

当我们翻开这部经典作品时，就仿佛开启了一场与苏格拉底的对话之旅。在这个旅程中，我们将跟随他的脚步，思考真理、正义与死亡的意义，感受哲学的伟大力量，探寻人类思想的奥秘，汲取智慧的养分，为我们的精神世界注入永远的活力。

目 录

第一场演说

第二场演说

第三场演说

第一场演说

　　苏格拉底首先针对公众长期以来对他的误解展开辩护，澄清自己既非"智者"也非收费授业者，其哲学活动的根源始于德尔斐神谕，即"苏格拉底是最智慧的人"。为验证神谕，他不断追问政治家、诗人、工匠，发现他们虽自诩有知却实为无知，而自己的智慧恰恰在于"承认无知"。

　　这一过程虽揭露了雅典人的认知虚妄，却也招致怨恨，成为"败坏青年""不敬神"等指控的源头。苏格拉底强调青年自愿追随，其提问旨在引导反思而非灌输观点，试图从逻辑上拆解"主动败坏"的罪名。针对"不敬神"，他抓住指控矛盾，既称其"信精灵"却又判其"不信神"，反证自己必然承认神的存在。

绪　论

【导读】

　　该绪论中，苏格拉底将自己质朴恳切、直指核心的言辞风格，与控告者华丽精妙的辩论技巧形成鲜明对比。他坚守真实，摒弃一切修饰与虚饰；而控告者的雄辩充满迷惑性，其目的并非探寻真理，而是单纯依靠言语技巧左右他人判断，实现说服效果。

　　尽管审判结果尚未可知，但是苏格拉底已然清晰地认识到，对手们在修辞方面的力量极为强大，甚至可能使自己与在场众人陷入认知迷失，苏格拉底仍意识到，想要说服眼前这些雅典人相信自己无罪几乎毫无可能，因为他们不过是普通雅典人，称不上真正正义的法官。

由此，一场关于真理与修辞的探讨也随之展开：苏格拉底本是论辩术高手，却在法庭上选择不雕琢言辞。他严谨且直指本质的申辩方式，不仅未能打动众人，反而激怒了他们。即便他能在论辩中让修辞学大师高尔吉亚陷入困局，但在面对雅典陪审团时，依然无法获得认同。

苏格拉底与高尔吉亚的论辩，和他在雅典法庭上的申辩，看似不同，实则本质相通。他虽能用逻辑让对手哑口无言，却难以赢得对方发自内心的信服；在雅典法庭上，他或许已经证明了自己的清白，但雅典人判处他死刑，更像是对他批判行为的报复。这种矛盾的根源，在于他不迎合听众的论辩风格，也就是，他虽然能够以理服人，却也因此招致众人反感。

在雅典民主语境下，博取好感比逻辑说服更关键。苏格拉底深知此道，却坚持以惯常风格申辩，最终因无法赢得决定他生死的雅典人的欢心，而走向死刑结局，这深刻展现出追求真理与修辞实用间的冲突。

由此可见，苏格拉底与莫勒图斯之间的本质差异，并非在于苏格拉底缺乏说服雅典人的能力，而是他无法赢得雅典人的欢心。柏拉图在后续内容中似乎特意为我们呈现了一个生动的案例。当苏格拉底与莫勒图斯正面交锋时，苏格拉底攻势凌厉，步步紧逼，莫勒图斯则陷入被动，起初还能勉强应对，后来甚至连回答苏格拉底问题的勇气都丧失殆尽。

然而，面对气势逼人、逻辑严密的苏格拉底，以及狼狈不堪、节节败退的莫勒图斯，雅典人最终却站在了莫勒图斯一方。尽管苏格拉底的论述无懈可击，让莫勒图斯哑口无言，但处于窘境的莫勒图斯，仍不忘奉承在场民众，称赞他们都具备教育公民的能力。

雅典民众并不青睐理直气壮、论点无懈可击的苏格拉底，反而更倾向于言辞闪烁、却懂得迎合他们的莫勒图斯。这恰恰体现了法庭论辩的真实面貌，也是在大众面前赢得支持的关键所在。这种论辩的核心，既不在于颠倒黑白，也不在于论述是否合乎逻辑，而在于表达方式能否讨得听众欢心。但矛盾之处在于，真理往往难以令人愉悦，而虚假的言辞却更容易被人们接受。

苏格拉底的失败，并非源于他的申辩缺乏说服力，而是因为他始终坚持讲述真理。且苏格拉底本人，也正是如此看待自己与莫勒图斯之间的差异。

不可否认，在多数人眼中，法庭辩论的最终目标是获取胜利，而实现胜利的关键，本质上是一个政治问题。正是出于这一目的，才涌现出众多传授辩论技巧、代人撰写诉状的修辞学家和演说家。在法庭辩论这一政治活动中，内容的真实性并非首要考量，重要的是论述看起来是否可信，或者能否让人们愿意相信其真实性。苏格拉底的好友吕西亚，便是这方面的行家里手。据传，吕西亚曾主动提出为苏格拉底撰写申辩辞，但遭到了苏格拉底的婉拒。

对于苏格拉底而言，辩论的胜负并非他关注的焦点，能否传递真理才是重中之重，这本质上是一个哲学命题，而非政治议题。然而，他却不得不在关乎生死的政治审判场合阐述这一哲学思考。苏格拉底深知真理往往会触动他人，因此他面临着艰难抉择：要么以假话换取生存，要么用真话直面死亡。若选择前者，就意味着要放弃对真理的坚守。但他坚信，想要过上有价值的生活，就必须坚守德行，而对于法庭上的演说者来说，讲真话便是其德行所在。最终，苏格拉底毅然选择为真理献身。

苏格拉底拒绝了吕西亚为他撰写的申辩辞，颇具意味的是，在他离世后，为苏格拉底撰写申辩辞逐渐成为文人圈中的一种风尚。许多自诩文笔出众的希腊文人，常常会刻意模仿苏格拉底慷慨激昂的言辞风格，以此彰显自己的文学品位。

不过，这些人撰写《苏格拉底的申辩》的目的，显然与吕西亚有所不同。那么，他们是否都是为了追求真理而创作呢？苏格拉底独一无二，可为何会出现如此众多风格迥异的辩护辞？顺着这一思考方向，我们不禁会对苏格拉底所追求的真理产生更深刻的疑问：真理究竟是什么？这一问题，也成了这篇对话最为核心的主题。

【原典】

雅典人啊①！我不太清楚那些控诉我的人②究竟对你们产生了何种影响。事实上，他们的言辞极具迷惑性③，甚至让我几乎迷失了自我。

然而，必须指出的是，他们所言简直没有真话④。在诸多谎言之中，有一点尤其令我感到诧异：他们竟然以我擅长演说为由，告诫你们要保持警惕，以免被我蒙蔽。

这种说法实在荒谬至极。难道他们不明白，只要我能证明自己并非巧舌如簧，就能立刻戳穿他们的谎言吗⑤？除非他们将讲真话也定义为能言善辩，否则这种说法简直厚颜无耻。倘若讲真话才是真正的善辩，那么我确实与他们口中的演说家截然不同⑥。

在此，我郑重声明，那些对我的指控纯属子虚乌有。与之相反，我所说的每一句话都经得起推敲，绝无半点儿虚假。我以宙斯之名起誓，雅典人啊！接下来你们听到的，绝非精心雕琢的华丽辞藻，也没有经过刻意修饰的辞令和名目，而是我脱口而出的真实想法⑦。我坚信自己所言皆为正义之事，也请各位不要期待我用其他方式表达⑧。毕竟，以我这把年纪，还像孩童般到你们这里来胡扯实在不合时宜⑨。

雅典人啊！我诚恳地请求你们：在我申辩的过程中，如果听到我使用平日里在集市的钱庄柜台旁⑩，或是其他场合惯用的直白语言，请不要感到意外，更不要因此扰乱秩序⑪。

原因在于，我虽已年届七十，但这是我生平第一次踏入法庭⑫，对于这里的辩论规则和语言风格，我完全是个新手。就如同一个异乡人，你们会宽容他用自幼熟悉的口音和表达方式说话一样⑬，我认为自己提出的这个请求合情合理。无论我的表达方式优劣如何，恳请你们只关注一个核心问题：我说的内容是否合理正当⑭。毕竟，审判官的职责在于明辨是非，而演说者的本分就是实话实说、秉持公道⑮。

【注解】

① 部分版本省略了苏格拉底对审判者的称呼，有版本解释称通常应称"法官们"，但苏格拉底刻意避开这一称呼，因其在裁决前不确定对方是否有资格代表正义。雅典法官人数通常在 200～2500 人，审理苏格拉底案的约为 500 人，人数未必为奇数，若双方票数相同则被告胜诉，且法官需为年满三十岁的男性公民。此外，在相关语境中，"雅典人"不仅指公民群体，更深层指向凭借道德修养与社会素养配享公民身份特权、言行契合公民身份价值期许的人。

②雅典法律将案件分为两类，虽与现代民刑案件划分不完全等同但有相似性。第一类案件任何人都可告发被告，第二类案件仅被害者本人或其最近男性亲属可控告。苏格拉底案件属于第一类，如《游叙弗伦》所述，他此前未与原告莫勒图斯谋面，且莫勒图斯非以被害者身份起诉。此类案件中，原告同时兼具控诉人与主要证人的双重身份。

③苏格拉底在《高尔吉亚》中明确揭示，以修辞学为基础的论辩术，其显著特征在于倚重主观意见，而非客观知识。该论辩术的根本目的，在于促使受众形成某种观念，至于这种观念是否符合事实真相，却并非关注重点。同样，《会饮》也对高尔吉亚式的论辩技艺有所提及。由此可见，这类"迷惑性"往往通过调动受众情绪来达成，而非借助理性的逻辑推导。

④这里对后续言论加以限定，是为了在彻底否定控告者全部言论真实性的同时，作出必要的说明或表达歉意：应当明确指出，他们所言毫无事实依据，纯属无稽之谈。

⑤关于此处内容，部分注本认为苏格拉底意在以列举事实反驳观点，实则他是借自身"不善言辞"的说法加以驳斥。由

于控方事先向陪审员警示苏格拉底会编造谎言，而此类诉讼多由修辞术职业教师及其追随者发起，故雅典人的演说中常出现抵御这类指控的免责声明，当事人往往故意塑造诚实坦率、直言不讳的形象。苏格拉底同样否认自己具备特殊的雄辩才能，这与其他当事人的做法如出一辙。然而，当他故作停顿、佯装思索，暗示自己或许误解了控告者对"能言善辩"的定义时，这一行为恰恰暴露了他精湛的辩论技巧。

⑥ 苏格拉底借这些话语表明，在演说者应秉持的责任这一问题上，他与控告者的观点一致，即都认可演说应当以真实为准则。然而，与控告者不同的是，苏格拉底绝不以虚假之言蒙骗众人。

⑦ 色诺芬在《苏格拉底的申辩》中记载，苏格拉底的守护神禁止他撰写申辩文稿，因此他只能现场即兴申辩。此外，第欧根尼·拉尔修在《名哲言行录》中提到，当时知名演说家吕西亚曾为苏格拉底拟好申辩辞，但苏格拉底并未采纳使用。

⑧ 不应将苏格拉底的这番表述视作确凿的历史真实。柏拉图笔下苏格拉底的言论都经过精心雕琢与艺术加工。文中语句

看似随意松散的结构，实则刻意营造出一种即兴演说的假象。

⑨ 有些译本的注释提到，莫勒图斯提出指控时较为年轻，这一点在《游叙弗伦》中也能得到印证。正如学者所言，苏格拉底在申辩过程中，并未使用当时通行的辩护手段，如讨好法官、诋毁对手或乞求怜悯，因此不可能存在对莫勒图斯这位年轻人的含沙射影。事实上，苏格拉底既没把莫勒图斯放在眼里，也完全不在意自己的生死，直到《申辩》的核心部分，才淡然说出"没有人能够伤害到我"，这或许是他心境的最真实写照。

⑩ 在古雅典，钱庄老板的柜台以及市场周边的商铺，向来是人们热衷的休闲去处。苏格拉底也不例外，他大部分时光都消磨在人流密集之处。每日清晨，他便会前往体育场和散步小径，待广场上熙熙攘攘之时，总能在那里觅得他的身影，并且一整天都能在人群最热闹的区域找到他的踪迹。苏格拉底热衷于长时间与形形色色的人交谈，而且他的对话向来开放包容，任何人只要有兴趣，都能随时加入其中。

⑪ 虽然《申辩》并非严格意义上的法庭现场实录，但柏拉图通过细节营造如实记录的效果。与现代法庭不同，雅典当时

缺乏规范议事规则，法官或听众随时可能喊叫、打断发言，所以苏格拉底受审时民众的叫嚷便不足为奇了。苏格拉底被判有罪后，对投从轻票者的发言间接显示其忠实的支持者在场，他们虽未喧哗却以在场表明立场。雅典陪审员通过随机分配产生，贿赂几乎不可能，且无论是否为陪审员，在场观众都有机会公开表达对审判的看法。

⑫ 需要明确的是，我们不能将此处内容理解为苏格拉底从未出席过这类审判大会。事实上，他只是此前从未以被告的身份出现在这样的场合。苏格拉底声称自己对法庭辩论的措辞一窍不通，可他的实际表现却恰恰展现出对这类言辞运用的娴熟与精妙。不难看出，这种矛盾性的表达正是柏拉图有意为之，其目的在于引导读者领悟：苏格拉底始终对自己的言行有着清醒且深刻的认知，每一句话、每一个举动都绝非偶然。

⑬ 在柏拉图的著述中，异乡人、外邦人这一概念频繁出现。这些外邦人虽并非雅典本土居民，但同为希腊民族的一员，因而能够现身于雅典法庭。他们在法庭上发言时，往往会保留自己本邦的方言特色、语音语调，以及独特的表达方式。

⑭ 苏格拉底在辩论中以辩证法对抗高尔吉亚学派的法庭辩论术。后者以说服为目标、无关真理，而苏格拉底强调演说者当讲真话，二者的理念存在根本分歧。尽管苏格拉底称说话方式无关紧要、内容为要，实则两种方式已决定内容差异，即追求真理需用辩证法而非辩论术。"辩证法"与后续"智慧"问题紧密呼应，共同构建对话的哲学主旨。

⑮ 苏格拉底在申辩中训诫陪审法官的表述看似突兀，却契合其不阿谀的风格。随着审判推进，其"缺少省察的生活不值得过"等观点，彰显出"教导者"角色，甚至成为掌控真理与正义裁决的"大法官"。《申辩》开场白与演说家结构契合，绪论尾声强调这一点，呼应前文"说真话"，揭示其核心主张：修辞的终极追求是"真实之物"而非"有说服力的表象"，故苏格拉底才是审判真正的裁决者。

【点评】

作为西方哲学史上首屈一指的文学大家，柏拉图将超凡的思辨智慧与艺术家的想象力熔于一炉，凭借敏锐的洞察力和精湛的语言驾驭能力，其作品极少出现枯燥晦涩的表达，与纯粹专注理论建构的哲学家形成鲜明对照。这种文学造诣尤其体现在他对每篇对话开篇的匠心独运上。

细究柏拉图对话录中那些耐人寻味的开篇，这一论断得到了充分印证。然而令人遗憾的是，过往研究鲜少关注《申辩》开篇两个关键用词所蕴含的深意。这部作品的第一个实词"你们"，似乎暗示着苏格拉底的申辩绝非单纯的自我辩护，而更像是一篇旨在启迪"你们"与"我们"灵魂的哲学宣讲。这一细节与文本核心部分"我不是为自己申辩，而是为你们申辩"的表述形成巧妙呼应，某种程度上为全文奠定了基调。

由此观之，《申辩》的命名实则暗含玄机。它并非传统意义上为个人罪行所作的辩护陈词，而更接近一场关于全新伦理、政治、哲学与宗教观念的思想宣谕，若非要称之为"申辩"，毋宁说是为政治哲学的核心理念进行辩护。苏格拉底在此展现的并非求生本能，而是试图挽救濒临消亡的高贵精神价值。理解这一本质，诸多文本中的费解之处便豁然开朗。

《申辩》开篇的语言结构设计堪称精妙，既强化了读者对"自我辩护"的认知，也解释了为何在柏拉图的作品序列中，唯有这部著作在标题中明确标注"苏格拉底"。表面上看，柏拉图仿佛在如实记录历史事件，或是创作一部纪实性文学作品，但这实则是精心设计的叙事策略。这一手法成功误导了19世纪以来众多学者，使他们陷入对文本"历史性"与"真实性"的误读。

值得注意的是，柏拉图多数著作虽以人名命名，但斐多、克力同、伊翁等人物往往充当配角，其重要性远不及苏格拉底。在此背景下，《苏格拉底的申辩》这一书名显得尤为特殊。以柏拉图的文学功底，完全可以通过叙事技巧自然凸显苏格拉底的核心地位，而无须在标题中刻意强调。

苏格拉底在申辩中对审判者"雅典人"的称呼，同样暗藏深意。这既非某些学者解读的谄媚之词，也不是伯内特所认为的普通称谓。原文中"迷失了自我"的表述，暗示着苏格拉底眼中这场审判的特殊意义，他并非单纯面对五百名陪审员，而是在向全体雅典公民发声。对他而言，法庭更像是传播哲学理念的讲台，而非单纯的司法场所。

苏格拉底刻意摒弃华丽修辞，表面上以年事已高作为理由，实则另有深意。考虑到修辞风格与年龄并无必然联系，这一解释显然是谦辞或策略性表达。真正促使他选择质朴言说方式的，是对真理与正义的坚守、丰富的人生阅历，以及自觉肩负的先知使命。这种严肃真诚的表达方式，与司法程序本身并无直接关联，而是深深植根于其思想内核。

在申辩过程中，苏格拉底反复提及自幼相伴的神秘"声音"，即"自幼熟悉的口音"，并通过"那里的乡音"与"这里的语言"的对比，暗示着某种神圣启示的存在。这种表述不仅为其"神迹"主张埋下伏笔，更将个人的哲学宣讲与神谕传达相联系。苏格拉底以近乎先知的姿态面向全体雅典人，将关乎灵魂救赎的劝诚置于与自身生死抉择同等重要的地位。尽管这种解读可能被视为过度阐释，但从文本整体来看，其中蕴含的哲学深意值得深入探究。令人惋惜的是，这一重要关联至今尚未得到学界的充分关注。

陈 述

【导读】

苏格拉底将针对自己的控告者分为两类：早期将他描述为"教师"的群体，与当下指控他"革新宗教""败坏青年"的群体。这一划分从诉讼程序看，完全合乎逻辑，他深知审判的根源是过往的诋毁与偏见，这些未被写入起诉书的内容，才是真正暗流涌动的定罪依据。

有人质疑苏格拉底不该主动提及未正式立案的"旧指控"，这种观点显然忽略了关键所在：他要揭露控告者暗中利用公众偏见定罪，却不敢光明正大地将偏见摆到台面的卑劣手段。幕后主使阿努图斯正竭力试图回避"旧偏见"的公开讨论，而苏格拉底偏要打破这一沉默坚冰，让隐藏在阴影中的舆论定罪逻辑彻底暴露在阳光之下。

对比吕西亚代人撰写的辩护辞，可清晰看出苏格拉底申辩的传统性与独特性。在雅典辩护传统中，"真实"被视为美德，申辩者需让言辞显得可信。吕西亚的辩辞从形式上即贴合这一要求。辩护艺术的核心，在于将个人经历讲述为"不得不发"的必然结果，以此触动情感、赢得宽宥。

作为审判者的雅典人持有这样的预设：控方指控与被告行为是"已知事实"，被告的任务是揭示"未知真相"，要么证明指控不成立，要么补全事实缺漏。苏格拉底的申辩看似遵循这一逻辑：他强调针对自己的攻击并非突然爆发，而是源于几十年前的早期偏见，需将"旧诋毁"与"新指控"结合，才能还原完整的"被误解史"。他以"探寻真相"为名，将法官卷入一场认知批判，声称要揭示他们"亲身经历却从未领悟的事"，即他们早已被偏见误导。但事实上，他并未提供新事实，原本的案情陈述，在不知不觉中变成了对审判者群体的思想诘问。

与吕西亚客户依赖"隐秘故事"不同，苏格拉底选择重新诠释"共同经历的公开事件",坚称众人所见只是表象,唯有他揭示的逻辑才是真相。然而,这种"真相"能否穿透偏见的壁垒,在审判现场奏效,从一开始就充满了悬念。

《申辩》看似苏格拉底的独角陈词,实则是多重对话的交织:它既是哲学与城邦的思想碰撞,也在形式上构建了哲人同听众、新旧控告者乃至柏拉图等弟子的交流场域。对话的价值不仅在于言语互动,更在于通过辩驳逐层剥离问题的本质。

苏格拉底的申辩独特之处,在于他不依赖私密事件或少数人掌握的信息,而是与听众共同挖掘"广为人知之事"的深层意义,核心诉求是颠覆雅典人对人生价值的传统认知,这与其在其他对话中的哲学追求一脉相承。不同的是,审判现场的雅典人对其"马虻式"批判报以死刑,这场审判可视为城邦对哲人持续审视的集体反叛。苏格拉底将申辩比作打空拳,暗示这是一场没有物理对手却充满思想攻防的博弈。

为何选择对话而非逐条罗列的辩护方式?这源于他对"真"的理解:苏格拉底否认雅典人拥有判断真理的权威,也不预设其既有知识的可靠性。他唯一承认的是雅典人掌握决定其生死的政治权力，即便克力同劝逃亡仍坚守这一原则，但明确区分了政治权力与哲学判断的本质差异。在政治上服从审判的同时，他在哲学立场上坚决否定雅典人的价值观，并试图通过对话引导其接纳哲学认知，他认为，唯有认同其真理观，雅典人才能理解正义、辨别不义并实现良治，故哲学家必然心系政治。

苏格拉底眼中的"真"，核心是揭露雅典人固有观念的谬误，而达成这一目标的路径正是其惯用的辩证法：通过对话剖析偏见根源，解释自身被视为"不义者"的逻辑。其成效不取决于事实堆砌，而在于能否直指错误观念的源头、触动良知。但刺痛群体认知的结果往往是报复而非认同，因此，以真理唤醒城邦的行为必然导向死亡，这是哲学与城邦不可调和的矛盾。苏格拉底将法庭申辩转化为"哲学的政治宣言"，完成了一次思想对权力的自我辩护。

【原典】

雅典人啊！我认为这样的申辩合乎正义。面对纷至沓来的指控，我认为首要之务①，是先回应最早的不实控诉与最初的控告者，再处理后续的虚假指责与后来的指控者②。毕竟，多年前就有人在你们面前诋毁我，这些陈年旧账虽已时过境迁，可其中内容依旧毫无事实依据。

阿努图斯等人③固然令人心生畏惧，但那些更早控告我的人更为棘手。雅典人啊！他们成功蒙蔽了你们之中的许多人。在你们尚处幼年之时，便借机接近，用毫无根据的诬告说服你们④，声称："有个叫苏格拉底的所谓智者，上至天文下至地理⑤无所不究，还擅长诡辩，能把歪理说得头头是道。"

雅典人啊！这些恶意中伤我的人之所以最为可怕，原因在于听信谣言的人，往往会认定钻研这类事物的人必然不信神明⑥。况且，这群控告者人数众多，指控我的时间跨度极长。更糟糕的是，他们在你们最容易轻信他人的年纪散布谣言，那时你们有的还是懵懂孩童，有的不过是青涩少年。正因无人替我辩解，他们不费吹灰之力便达到了目的。

尤为荒诞的是，我甚至都不清楚这些控告者究竟是谁，只知道其中有一位是喜剧作家⑦。所有用嫉妒与诽谤来攻击我的人，不仅成功误导了你们，还有些人自己被迷惑后又去误导他人⑧。这些人最难应对，因为我既无法将他们中的任何一人传唤到法庭，也不能当面质问。我只能像与虚影搏斗般为自己辩护，在无人回应的情况下进行诘问。

所以，请诸位相信，如我所言，控告我的人分为两批：一批是近期才开始发难的，另一批则是我刚才提到的更早发起指控的。我认为必须先针对后者进行申辩，毕竟你们听闻他们的指控时间更早、次数更多。

雅典人啊！我必须为自己申辩，并且要尝试在如此有限的时间里，消除你们长久以来形成的偏见。倘若这对你们和我都有益处，我自然希望申辩能够成功⑨。但我深知，这绝非易事。不过，结果如何自有神意裁决，而此刻，法律要求我开始为自己辩护。

【注解】

① 苏格拉底在此延续此前关于正确演说方式的探讨，这一讨论极具重要性。毕竟在雅典，曾有不少案件因申辩者采用不当的陈述方式，最终导致败诉。

②　苏格拉底针对两类控告者的申辩并非彼此孤立，而是紧密相连、环环相扣。这使得他的辩护不仅仅局限于单纯反驳莫勒图斯的指控，更是向众人揭示：莫勒图斯的控告实则是长期偏见积累的产物。相较于反驳莫勒图斯，驳斥那些最初形成的偏见更为关键。然而，这一观点尚未获得学界的广泛认可。

③　"阿努图斯等人"的表述暗示其是指控苏格拉底的关键人物，莫勒图斯或为其追随者。作为土生土长的雅典富商，阿努图斯曾助色拉西布洛斯驱逐"三十僭主"，在城邦颇具威望与影响力，并将之用于针对苏格拉底的诉讼。柏拉图《美诺》显示，他因苏格拉底批评公元前五世纪民主政治领袖而不满，以威胁之语警告，柏拉图认为此乃其指控根源，且未提个人私怨。色诺芬《申辩》称阿努图斯因苏格拉底指责其让儿子从事皮革生意欲置其于死地，这或源于对《美诺》中"伟大政治家德行传承"讨论的衍生解读。此外，阿努图斯及其支持者欲恢复伯罗奔尼撒战争前的温和民主制度，苏格拉底的批评对其构成潜在威胁。

④　长期以来，人们普遍认为苏格拉底"智者"的名声源于阿里斯托芬的戏剧《云》，但这一认知有失公允。根据雅典法律，

法官需年满三十岁，苏格拉底于公元前399年受审，据此推算，公元前423年《云》创作时，未来审判他的法官中最年轻者仅7岁，且当时法官群体中年龄低于50岁者极少，其童年远早于《云》的创作时期。可见，阿里斯托芬剧中对苏格拉底的塑造，实则基于当时已广泛流传的观点。

⑤ 古希腊语中"天上的事"涵盖现代气象学与天文学范畴，东部伊奥尼亚学派、阿那克萨戈拉学派及阿波罗尼亚的第欧根尼等哲学流派均致力于探究此类自然现象，而雅典人提及该称谓时往往带有轻蔑意味。另外，意大利学派、西西里学派则以聚焦地下事物探索为显著特点。

⑥ 这里并非仅指他们否认神存在，而是着重强调不践行对神的崇拜仪式。尽管"不相信神存在"与"不崇拜神"在语法上有明确区分，但柏拉图和色诺芬作品中并未严格界定，此处表述同时自然涵盖否认神存在与拒绝敬神仪式两层含义，中文"不信神"一词可完整精准地包含这两种意涵。但苏格拉底的实际情况与这些哲学家有着本质不同：他一贯积极参与敬神活动，却依然被莫勒图斯无端指控否认神存在。

⑦ 普遍观点认为，此处提及的人物正是创作《云》的阿里斯托芬。不过，还有其他喜剧诗人也曾以苏格拉底为对象进行创作。这些喜剧诗人几乎在同一时期调侃苏格拉底，且时间点恰好在苏格拉底于公元前424年的德利昂战役展现出惊人表现之后不久。

⑧ 针对苏格拉底的控告者可分为三类：以喜剧讽刺他的诗人、恶意中伤者和怀有真实敌意的攻击者。苏格拉底在德利昂之战英勇扬名次年，多位谐剧诗人将其作为嘲讽对象，其中两位诗人同年调侃，阿梅希亚斯和尤博里斯的作品还提及他的贫穷。但作为德利昂之战的重装步兵，苏格拉底此前不应极度贫困，合理推测是之后遭遇变故致财产受损，且他很可能未参加公元前422年安斐波利斯战役。尽管无法确知谐剧诗人攻击的原因，但这足以证明苏格拉底当时已在雅典广为人知。

⑨ 在这里，苏格拉底已暗暗埋下伏笔，指向他后续将阐述的两大核心内容：其一，他为雅典城邦所做出的卓越贡献；其二，神明对他的特殊眷顾与庇佑。苏格拉底并不满足于仅仅消解对手诽谤带来的负面影响，他更期望在法官心中塑造一种更为正

面的形象。他希望用相反的优秀品质，去取代那些因诋毁而产生的不良印象，并期待在申辩过程中充分展现这些品质。

【点评】

在雅典司法体系下，面对指控的苏格拉底没有直接反驳起诉书内容，而是先论证辩护策略。当时雅典法庭的答辩者常因案件棘手，用无关言论转移焦点，这种做法极易引发陪审员的不信任。并且，自诉案件要求双方"就事论事"，陪审员也需依据控告内容投票。

苏格拉底选择先回应早期控告者，这一辩护策略在司法层面存在争议，也引发外界对他对待法官的态度，以及是否真心谋求自救的质疑。据色诺芬记载，苏格拉底认为自己大限将至，故而有意激怒陪审团。

在指控者阵营中，阿努图斯是主要煽动者。他凭借在"三十僭主"时期担任部族流亡领袖积累的声望，出于私人恩怨和职业需求，拉拢莫勒图斯和吕孔共同起诉苏格拉底。不过，拉尔修《名哲言行录》中关于雅典人后悔判苏格拉底有罪，进而处死莫勒图斯、流放阿努图斯和吕孔的说法，遭到了格罗特的驳斥。

相比阿努图斯等人，阿里斯托芬在《云》中对苏格拉底的恶意描写更具威胁性。但许多人推测，苏格拉底并非意在谴责这位诗人个人，因为柏拉图在《会饮》中描述过两人曾有熟络交谈。实际上，苏格拉底的批判矛头主要指向智术师和诗人群体，他们起初讥讽苏格拉底及其学说，后来还煽动民众对其产生憎恶。从众多古代作家的记载可知，苏格拉底是多位谐剧诗人笔下的角色，其中尤博里斯对他的批判尤为激烈。

大众将苏格拉底视为天象学家，这一印象并非仅来自阿里斯托芬的《云》，而是有着更久远的历史根源。由于雅典法官和陪审员需年满三十岁，《云》上演时多数法官已较为年长，这表明该印象在此之前就已形成，柏拉图《斐多》中苏格拉底的生平自述也能作为佐证。

在《云》里，苏格拉底被刻画成认为在空中能更好解释天界事物的人，这种研究方式源自东方伊奥尼亚哲人，如阿那克萨戈拉学派，他们也因此被称作"天象研究家"。阿提卡作家常用轻蔑词汇描述这类研究，阿里斯托芬更是将他们贬为"诸

天思想家""江湖星象骗子"。伊奥尼亚方言中的相关词汇与
"狄俄佩忒斯法令"相似,该法令曾指控阿那克萨戈拉不敬神,
还禁止其传授天界学说。

阿里斯托芬把苏格拉底的学校称为"思想所""思想工厂",
色诺芬《会饮》的对话中也有类似调侃。《云》频繁使用伊奥
尼亚方言中的"思想""思考"等词,这些词与阿提卡方言的
含义不同,阿里斯托芬借此让雅典人感到陌生和不适。苏格拉
底在波提狄亚恍惚出神一天一夜的故事,以及尤博里斯的残篇,
都体现了对他怪异形象的刻意塑造,柏拉图或许也通过生僻词
汇和结构,暗示这些行为是强加给苏格拉底的,且违背常规。

对地上事物的研究也带有地域特色,意大利和西西里的学
者,尤其是恩培多克勒,以研究大地形状等"低级事物"闻名。
苏格拉底很可能熟悉恩培多克勒的学说,因为该学说在他年轻
时的雅典就已流行,柏拉图《斐多》还描述了苏格拉底用恩培
多克勒学说描绘地下世界。

"把弱的说法变强"至少在普罗塔戈拉那里有特定含义,
肃剧诗人和弥尔顿也有类似用法。阿里斯托芬在《云》中进一

步夸张，将其描述为"正理"和"歪理"两种逻辑并人格化，称"歪曲的逻辑"能用强词夺理取胜。这一概念与公元前五世纪后期的智术师运动紧密相关，亚里士多德记载，普罗塔戈拉提供相关训练，但这种做法一直不受大众欢迎。

"不相信神明存在"是指控苏格拉底的罪状之一。当时自然哲人因摒弃动力因、否认神明或混同神明与自然现象，其理论易导向无神论或泛神论，为该指控提供了依据，西塞罗认为阿那克萨戈拉是最早将神明理解为宇宙的理智原因。

早期谣言和偏见易在人年轻时被灌输，从而影响大众认知。雅典法律规定，被告需在一日内对指控答辩，否则将面临缺席审判；若十天内露面并说明合理理由，可撤销原判重新审理。苏格拉底指出，早期控告者采用"缺席控告"手段，借助人数众多、多年持续造谣及针对轻信年龄群体等方式，使指控成为仅有的片面之词。

除阿里斯托芬外，克拉提洛斯、阿梅希亚斯、尤博里斯等谐剧诗人都曾讥讽过苏格拉底。但苏格拉底认为，部分匿名控告者与谐剧诗人不同，后者或许只是为了搞笑，而前者的攻击可能更为严肃和善意。从柏拉图《会饮》中苏格拉底与阿里斯托芬的友好互动，以及阿尔喀比亚德借用《云》中的形象赞美苏格拉底在德利昂战役中的勇敢，可见苏格拉底对这些攻击的态度。

雅典法庭演说存在时间限制，苏格拉底在《泰阿泰德》中反思了这种限制对律师的束缚，并对比了律师生活与哲人的闲暇。由于陪审团了解情况的时间有限且缺乏一手经验，他们的判决更多是"真实的信念"而非"知识"。

苏格拉底当然希望能体面地无罪释放，但前提是符合神明意愿。他的申辩并非单纯追求无罪判决，更是为了服从法律形式。他不仅要为自己洗刷冤屈，还试图展现自身优秀品质，同时也为雅典人指明生活道路。苏格拉底深知拨乱反正的艰难，也清楚官司的利害，这表明他对雅典法庭运作十分熟悉，而这在民主雅典并非罕见之事。

辩　驳

【导读】

在辩驳开篇，苏格拉底通过厘清政治偏见与哲学理念的界限，有力回应早期指控者。其申辩核心围绕真理与知识，既剖析哲学使命的起源，又强调自身与智者学派的本质差异。

当时外邦智者带来的自然哲学与修辞术引发雅典不安：家长送子弟向智者求学却难以培育真正的德行，如阿里斯托芬《云》中斐狄庇得斯因论辩术变得叛逆。苏格拉底虽被控告者污蔑为智者同类，却在与卡利阿斯的对话中批判家长与智者对教育本质的忽视，他主张遵循人性规律培养合格的个体与公民，直言智者的学问未必能教人向善。不同于雅典人一边斥责智者败坏青年、一边利用其论辩术的矛盾态度，苏格拉底既否定智者的教育模式，又敬重他们追寻真理的探索，认为问题的根源在于雅典人自身的生活境界。

苏格拉底借德尔斐神谕阐释哲学使命，与《斐多》"次航"比喻呼应，凸显哲学转向的政宗教义。他否认神谕为使命单一源头，强调多元动因。德尔斐"认识你自己"铭文贯穿对话，他借此批判"无智却自恃明智"的愚昧，将德行追寻与神谕内涵联结。

在《卡尔米德》中，苏格拉底指出"认识你自己"需明辨已知未知，"节制"需审视他人知识真伪，与神谕及铭文呼应。神谕促使他领悟哲学生活的城邦使命，其实践视为对神谕的诠释，神谕则为哲学生活的宗教根基。"无知之知"是动态辩证过程，在对话与审视中融合个人精神、政治责任与宗教使命。

苏格拉底在破解神谕时考察了政治家、诗人、工匠三类人，否定的是其职业的普遍特质而非个体，几乎指向全体雅典公民。他认为政治家虽可凭合理见解施政，却缺乏真正智慧，即政治以逐胜为目标、哲学以寻真为旨归，政客沉溺权术易将功利手段错认作智慧。其批判不仅针对政治家群体，更直指政治领域的局限性，强调唯有哲学能赋予真正智慧。

最终，苏格拉底领悟智慧源于对自身无知的清醒认知。《申辩》的核心矛盾为哲学与政治的冲突：政治的功利逻辑使人丧失对崇高的追求，他因批判政治缺陷遭忌恨，凸显两者不可调和。其明确哲学使命："无知之知"需在驳斥伪知识中实现，人类虽无法抵达真知，却应永葆对知识的追寻。

苏格拉底对真知的追求，体现为持续驳斥伪知识。他以"好"的理念辩证审视世间观点，将辩论既作为求知路径，也视为城邦责任，通过对话引导雅典人培育爱智精神、践行神谕使命。

在审视诗人时，苏格拉底批判的是整个诗歌领域。尽管诗歌在希腊宗教、政治与教育中占据重要地位，但他仍断言"诗歌无知识"。他并非否定诗歌的美感与教化价值，而是指出诗人创作时缺乏对内容的真正理解，因擅长写诗便自视全知，陷入更深的认知误区。与政治家相比，诗人更依赖神性灵感，缺乏实践能力，其对"充当神的工具"的定位尤为抵触。这一批判可与柏拉图《理想国》互参：诗歌作为模仿艺术，仅触及表象，即便有神启也无法等同于智慧。因此，荷马诗歌虽具教育意义，却无法直接承担治国育人的职责，唯有哲学思辨才能领悟做人真谛。

考察完诗人后，苏格拉底将目光投向工匠阶层。他认可工匠在专业领域的技能是自己不具备的知识，却不认为他们比自己更具智慧：工匠常自认为通晓专业以外的领域，这种盲目自负恰恰抵消了其原有的专业知识价值。此时，他的思考逻辑已不同于刚听闻神谕时，起初他四处寻访智者，试图推翻神谕中"自己最智慧"的判定；而历经艰辛探索后，他已深刻领悟德尔斐神谕的真谛：神谕并非聚焦于具体知识，而是着重强调人类认知的固有局限，以及如何在这种局限中追寻智慧。

关于苏格拉底的"无知之知"存在两种解读：大众误将其视为全知而忌恨，实则其智慧在于否定伪知识并承认认知局限，而在这两种解读下雅典城邦都难以容下他。苏格拉底考察雅典公民群体时唯独未提及智者，因"无知之知"首要针对普通雅典人的认知误区；他认可智者对智慧的追求，仅认为其知识尚不完善，且自身智慧与智者的自然哲学传统有渊源。

苏格拉底对神谕与"无知之知"的阐述，既追溯了污蔑的根源，也揭示了哲学使命与哲学政治的矛盾。其哲学使命、政治实践与教育工作均围绕"无知之知"展开，并影响了阿尔喀比亚德、柏拉图等众多青年。当苏格拉底及其追随者审视雅典人时，招致不满与报复，被审视者因不解"无知之知"，随意将针对智者的罪名强加于他。

苏格拉底的申辩并非传统意义上的脱罪，而是强调众人将他视为智者是错误的，其使命是批判"伪知识"。这种背离法庭辩论常规逻辑的申辩非但未消除偏见，反而激化了敌意。在柏拉图笔下，苏格拉底实则是在为哲学生活本身辩护，表明哲学与政治的矛盾不可调和，这种辩护本身就是对政治的挑战。最终，苏格拉底的辩护引发雅典人震怒，现场一片哗然。

【原典】

那我们不妨从头梳理一番。最初，莫勒图斯究竟是以何种罪名对我提出指控的①？他们又是怎样炮制出这些谣言的？作为控告者，他们在郑重起誓后，必然会在诉状中这般宣称："苏格拉底有罪，他沉溺于钻研地上与天上的事物，将无理之说粉饰得有理有据，还将这些东西传授给他人②。"大致如此。

在阿里斯托芬的喜剧里，诸位已经见识过一个虚构的苏格拉底形象。剧中的他被悬吊着晃来晃去，声称自己能在空中行走，还满嘴荒诞不经的言论。但事实上，对于这些所谓的研究，我是一窍不通，无论大小皆不了解。我这样讲，并非轻视这类学问。倘若真有人精通此道，那自是值得钦佩。我只希望莫勒图斯不要拿如此严重的罪名来控告我③，让我陷入有口难辩的境地。

雅典人啊！我必须郑重声明，这些罪名与我全然无关。你们当中不少人都能够为我作证。相信许多人都曾听过我谈话，在此，我恳请听过我谈话的各位，彼此询问、求证，究竟有谁听过我谈及这些所谓罪行相关的言论？通过这样的方式，大家便能明白，那些广为流传的其他指控，大多也是毫无事实依据的。

这些控告纯属子虚乌有。要是你们听闻我以传授知识来谋取钱财，那同样是恶意编造的谎言。不过在我看来，若真有人具备教导他人的能力，确实是值得称赞的事④，就像雷昂底恩的高尔吉亚、凯奥斯的普罗迪科斯，还有埃利斯的希琵阿斯那样。

诸位，他们每一位都能自由出入各个城邦，游走于年轻人之间⑤。这些年轻人本可以随意与自己城邦的公民交往，不费分毫，然而他们却能说服这些青年，让他们放弃与其他人交往，转而追随自己，不仅心甘情愿地付钱，还对他们满怀感激⑥。

说到这儿，还有一位来自帕罗斯的智者，据我所知，此刻他仍在雅典城中⑦。我曾偶然遇见希波尼库斯之子卡利阿斯，此人在智者身上的花费，比在其他任何人那里都要多。当时，鉴于他育有两个儿子，我便向他发问："卡利阿斯，倘若你的两个孩子是马驹或牛犊，我们很容易就能找到合适的看护者，比如马夫或农夫，来照料它们并培养相应的能力。可如今你的孩子是人，你打算为他们寻找怎样的教导者呢⑧？在个人成长与公民素养这两个层面，谁又是能够帮助他们完善德行的专家呢？我想，身为父亲，你必然思考过这个问题。那么，你心中可有合适的人选？"

卡利阿斯回应道："当然有。"

我接着追问："那人是谁？来自何处？授课的费用又是多少⑨？"

他回答说："是欧埃诺斯，苏格拉底，他来自帕罗斯，学费是五个明那[⑩]。"

我心想，倘若欧埃诺斯真有如此精湛的教导技艺，还收取这般合理的费用，那他可真是幸运。要是我也掌握那些知识，恐怕早就四处宣扬、扬扬自得起来了[⑪]。

然而，雅典人啊！我必须坦诚，这些方面我确实一窍不通。或许在场有人会这样反驳："苏格拉底，既然如此，你为何会惹上麻烦？那些针对你的污蔑又是从何而来？或许你确实没做过什么惊世骇俗之事，但有关你的'名声'和传闻却确凿存在。倘若你真的没有什么特别之处，就给我们讲讲事情的来龙去脉，也好让我们不至于草率地评判你。"

在我看来，这番质疑十分合理。接下来，我将尽力向各位解释，究竟是什么原因，让我背负上这样的名声与污蔑。请诸位耐心听我道来。也许有些人会觉得我是在说笑，但我保证，我所说的每一句话都是事实。

雅典人啊！我之所以会有这样的名声，唯一的缘由就是某种智慧。可这究竟是怎样的智慧呢？不过是关乎人的智慧罢了。或许我确实拥有这种寻常的智慧，但我之前提到的那些智者，他们或许掌握着更为高深莫测的智慧[12]。只是我对此全然不懂，也无从解释。所以，那些宣称我拥有超凡智慧的传言，不过是凭空捏造、恶意中伤的谣言罢了。

雅典的朋友们，请先别着急打断我，即便你们觉得我是在自夸。因为这些话并非我自吹自擂，而是转述自一位值得你们信赖之人[13]。若我真的拥有智慧，那这究竟是何种智慧呢？在此，我恳请德尔斐的神明为我作证。

我想大家对凯瑞丰都不陌生。他是我年少时的好友，也是你们中许多人的同伴[14]。他前不久与你们一同流亡，又一同归来。大家肯定都清楚凯瑞丰的性子[15]，他做事向来莽撞急切。有一回，他竟大胆地前往德尔斐神庙，向神谕提出了这样一个问题，诸位，请听我说完，先别出声。他问，是否有人比我更具智慧。皮媞亚女祭司的回答是，没有[16]。虽然凯瑞丰已经离世，但他的弟弟可以为我证明这些话的真实性[17]。

大家或许会疑惑，我为何要说这些？其实，我是想向你们解释，那些针对我的诽谤究竟从何而来。听到女祭司的回答后，我满心困惑："神这话是什么意思？其中究竟藏着什么玄机⑱？我深知自己无论大事小事，都称不上智慧，可神却说我是最有智慧的人，这到底是什么意思？神必然不会说谎，因为这与他的神性相悖。"

很长一段时间里，神谕的含义都让我困惑不已，最终，我怀着抵触的心情，开始尝试以如下方式探寻其中深意⑲。我决定拜访一位久负盛名的智者，希望能在他那里找到证据，证明神谕或许存在谬误，从而向神谕表明："此人比我更具智慧，可您却说我是最智慧的⑳。"

我前去拜访的是一位政治家，在此暂不透露他的姓名㉑。雅典人啊！在与他深入交流并考察之后，我产生了这样的感受：此人在许多人眼中，甚至在他自己心中，都堪称智慧的象征，但实际上并非如此。于是，我尝试向他指出这一点，说明他自以为的智慧不过是虚妄。然而，我的直言不讳却招致了他和在场众人的怨恨。离开之后，我暗自思忖："我确实比他更有智慧。虽然我们都无法洞悉真理的全貌，但他总爱装作对未知之事了如指掌，而我从不掩饰自己的无知㉒。在这一点上，我确实更胜一筹，即对于不懂的事情，我绝不会妄加断言。"

此后，我又拜访了另一位据说比前者更具智慧的人，结果却大同小异，我同样因此得罪了他，以及更多人。在那之后，我接连拜访了许多因学识渊博而备受尊崇的人。尽管每一次拜访都让我陷入不受欢迎的境地，心中满是痛苦与惶恐，但我始终认为，探寻神明旨意才是最为重要的事，因此从未停下脚步。

以冥犬之名起誓，雅典人啊！我定当向你们坦诚相告㉓，这确实是我内心最真实的感受。在遵照神谕展开一系列探寻后，我惊觉那些声名显赫的智者㉔，往往是最缺乏真知的人；而那些原本看似平凡的人，反而蕴藏着更多智慧。我所经历的这番奔波，实则是为了证实神谕无可辩驳的正确性，尽管过程堪比苦役㉕。

在结束对政治家的考察后，我将目光投向了诗人，包括悲剧诗人、酒神颂诗人及其他各类诗人㉖，期望能在此发现自己的不足。我选取他们精心创作的诗歌，就其中词句的深意向他们请教，满心期待能从他们那里汲取知识㉗。

雅典人啊！说出真相令我深感羞愧，但我仍要如实相告。

事实上，对于他们自己创作的诗歌，在场的旁人往往比诗人本人理解得更为透彻。由此我很快明白，诗人的创作并非源于知识，而是凭借天赋与灵感。这就如同那些受神灵感召的人、传达神谕的占卜师，他们虽能说出许多精妙的话语，却并不真正理解话语背后的含义。在我看来，诗人亦是如此。而且，他们常因诗歌创作上的成就，便自诩在其他领域也拥有卓越智慧，可事实并非如此㉘。于是，我离开了他们，越发确信诗人与政治家并无本质区别，而我确实比他们更具智慧。

最后，我走访了工匠群体。我深知自己知识匮乏，也预见到能在他们身上发现许多宝贵的技艺。果不其然，他们掌握着我所不知的精湛技艺，从这方面来说，他们的确比我聪慧。

但是，雅典人啊！我发现那些技艺精湛的工匠，和诗人有着同样的弊病。他们凭借在本行当里的出色技艺，便自诩在其他重大事务上也无所不知。正是这种离谱的自负，掩盖了他们原本的巧思㉙。于是，我以神谕为鉴，在内心深处反复叩问自己：我是该保持本色，虽无他们的技艺之智，却也不受其无知之困？还是该效仿他们，兼具二者？面对神谕与内心的拷问，我最终

42

坚定地选择了前者，因为我坚信这才是于我最有益的道路。

正是这番探寻，雅典人啊！让我招致了许多人的怨恨，而且是最为恶毒、最深重的仇恨。他们为此编造出种种诽谤之词，甚至还给我冠上"智者"的名号[30]。在旁人看来，每当我指出他人的谬误，便显得智慧超群。但事实上，雅典人啊！真正的智慧只属于神明[31]。神谕的深意不过是在昭示：人类的智慧微不足道，甚至毫无价值。神明提及我苏格拉底，不过是借我的名字来传递旨意，以我为例告诫世人："人类啊，任何人只要能像苏格拉底一样，认清自己在智慧面前的渺小与虚无，那他便是最有智慧之人。"

正因如此，直至今日，我依然遵循神意，四处寻访那些在我看来颇具智慧的人，无论他们是本邦人还是异乡客。一旦发现有人名不副实，我便会替神明揭示真相[32]。也正因为这份使命，我无暇顾及城邦中的重要事务，也无力料理自家琐事。为了侍奉神明，我最终落得个家徒四壁的境地[33]。

此外，不少悠闲自在或家境优渥的青年主动跟随我，热衷于旁听我对他人的追问[34]，还时常效仿我的方式，去审视其他自诩有智慧的人。我想，正是他们的举动，让许多自命不凡的人意识到自己其实所知寥寥，甚至近乎无知。那些被质问的人因此恼羞成怒，可他们并未将怒火发泄在这些青年身上，反而统统指向了我㉟，纷纷斥责："苏格拉底简直像瘟疫一样，毒害着年轻人。"

但当有人追问，我究竟做了什么？又教给青年什么知识？他们却哑口无言，因为根本拿不出任何实质内容。为了掩饰自己的尴尬与无知，他们把那些早已套在所有哲学家身上的陈词滥调，一股脑儿地安在我头上，什么"研究天上地下的一切事物"，什么"不信神明"，还有"把无理说成有理"之类的话。

我深知，他们不愿承认那个再明显不过的事实，即他们不过是佯装智慧，实则腹中空空。而且，这些人贪图虚名、性情暴戾，仗着人多势众，整日众口一词、信誓旦旦地诋毁我。长期的恶意诽谤，让这些不实之言早已充斥在你们耳边。

正是基于这些无端指责，莫勒图斯、阿努图斯和吕孔三人向我发起了控诉。其中，莫勒图斯代表诗人表达不满㊱，阿努图斯代表工匠和政治家㊲，吕孔则代表演说家㊳。所以，就像我一开始说的，如果能在这么短的时间内，彻底消除这些早已根深蒂固、广为流传的谣言，那我自己都会感到不可思议 ㉟。

雅典人啊！我在此向你们毫无保留地陈述全部事实，无论是大事小情，都未曾有任何隐瞒或粉饰。我心里很清楚，正是这些如实相告的内容，招致了他人的嫉恨 ㊵。但这恰恰有力地证明，我说的皆是真话，也解释了那些针对我的污蔑从何而来，以及背后的根源所在。无论你们现在查验，还是日后再做调查，都会发现事实就是如此。

【注解】

① 苏格拉底将针对自己的指控历程划分为三个阶段：从个别群体的诋毁发酵致声名受损，到莫勒图斯提出正式控诉。论述结尾又出现一组对应的三阶段指控逻辑。莫勒图斯是雅典无名青年，有观点认为其父亲是诗人莫勒图斯，故苏格拉底视其为诗人群体代表。

② 苏格拉底构想的这份虚拟诉状，虽不同于莫勒图斯的正式控诉文书，然而两者所列举的罪名却近乎相同。值得注意的是，

此处将当时不同流派的自然哲学家与智者群体，一并纳入了指控范畴。

③ 苏格拉底虽在此表达了特定观点，却在其他论述中尖锐批判相关学问：其一，强调人性更具研究价值；其二，指出人类心智难以穷极物理世界奥秘。部分论断基于色诺芬记述，而柏拉图笔下的苏格拉底对自然哲学态度更微妙复杂，如《斐多》中他虽不满当时的自然哲学，却未彻底否定该领域。苏格拉底拒绝自视为智者，却尊重智者群体。其言论颇具讽刺意味，意在指出公然轻视这些学问会犯更严重过错，但此观点与雅典人的普遍认知相悖，也非莫勒图斯指控他的理由。

④ 苏格拉底在此明确否认"收取报酬"的指控，坚持不收费的根源在于自认缺乏教导他人的能力。教授知识不仅指自然科学内容，更需如自然哲学家宣扬的那样融入德行培育，他认为若有此能力则值得敬重，但对智者能否兑现承诺存疑。对话始终围绕教育主题，苏格拉底虽否认自己是传统教师，却从未停止探索教育方式，这种探索充满矛盾与悖论，最耐人寻味的是他试图以不依赖传统师生关系的方式实现教育目的。

⑤ 苏格拉底特意提及这三个人物，原因在于他们当时仍然在世，而像普罗塔戈拉这样已经离世的智者，则未被纳入讨论。这一细节揭示了雅典人对智者群体产生偏见的根源。这些智者大多来自外邦，却在雅典社会中产生了广泛影响。

⑥ 在智者派兴起前，希腊青年通过与城邦大人物交往、聆听其公共演说学习参与公共生活，苏格拉底描述的正是这一场景。多兹在《高尔吉亚》注释中指出，公元前五世纪以教学取酬仍受争议，至公元前四世纪已被广泛认可。因此在当时雅典人看来，苏格拉底对收取学费的批判既不合时宜又显陈旧。

⑦ 这位智者正是《斐多》中提及的欧埃诺斯。由此可知，一个月后苏格拉底离世之时，他仍身处雅典。

⑧ 卡利阿斯是雅典富豪，《普罗塔戈拉》记载他宴请普罗塔戈拉等智者，色诺芬《会饮》故事也发生在其家中，众多雅典作家的作品均提及他。苏格拉底在此沿用惯用论辩技巧，以马驹和牛犊比喻卡利阿斯的两个儿子，此喻并非轻视，反显对人性的深刻尊重：照料马驹、牛犊尚需审慎选择马术师与农夫，教育孩童更应慎重挑选合适的老师。

⑨ 苏格拉底提出的这三个问题暗藏玄机，绝非表面看起来那般浅显，其中暗含着尖锐而深刻的质疑。卡利阿斯虽然回应了这些问题，但未能领会苏格拉底话语背后的深意，甚至还误以为自己已经圆满解答了所有疑惑。

⑩ 在《斐多》的记述中，欧埃诺斯被视作诗人，《斐德若》中，其身份为修辞学家，留存的欧埃诺斯挽歌残篇风格疑似生硬效仿诗人泰奥格尼斯，而泰奥格尼斯诗作虽常用于教育，却与雅典民主制度格格不入。《斐多》还显示，毕达哥拉斯学派将欧埃诺斯归为哲学家，巧合的是其故乡帕罗斯是毕达哥拉斯学派的主要聚集地之一。另外，在古雅典，1明那等于100德拉克马，欧埃诺斯的学费在当时属于低廉水平，相比之下，智者普罗塔戈拉单次授课要价100明那，进入公元前四世纪智者授课费用显著下降，如高尔吉亚辞世时遗产仅两万德拉克马，欧埃诺斯收取的学费或许高于当时普遍标准。

⑪ 苏格拉底在此似乎对欧埃诺斯及其他智者能否真正实现德行教育提出了疑问。智者的理论与实践存在两大关键缺陷：其一，他们对人性与公民德行的本质缺乏清晰认知；其二，其

教育方式仅停留在机械的传授与训练层面。苏格拉底描述的这种自满心态，与先前关于"收费低廉"的表述形成反差，委婉地透露出他或许会提升收费额度的潜在意图。

⑫ 这段话中所指向的对象是高尔吉亚等人。苏格拉底在此并非探讨自然科学，而是沿用普罗塔戈拉对相关概念的界定，来谈论那些卓越智者的思想精髓与教诲。

⑬ 苏格拉底的言论疑似引用欧里庇得斯失传悲剧中的句子："这故事不是我的原创，我不过转述母亲讲过的内容"，该故事以理性视角讲述世界创造，通篇未提神明。欧里庇得斯《海伦》也有类似表述："这些话并非我个人所言，而是一位智者的箴言，世间没有比可怕的必然更为强大的事物。"此外，《俄瑞斯忒斯》中，他用"值得信赖的"形容德尔斐的阿波罗，书中俄瑞斯忒斯在绝境中对命令自己杀母的阿波罗产生信任危机。

⑭ 就苏格拉底在此处的表述而言，他想表达的是凯瑞丰属于民主派人士。受苏格拉底晚期思想影响的年轻人，多数对民主制度持否定态度。依据阿里斯托芬的描述来推断，凯瑞丰似乎更倾向于接受苏格拉底思想中与毕达哥拉斯学派相近的理念，

以及其关于苦行修炼和灵魂本质的学说。相较于贵族青年，这类带有宗教色彩的理论往往对普通大众更具吸引力，而这也正是毕达哥拉斯学派思想的显著特征之一。

⑮ 公元前404年，即苏格拉底受审五年前，发生了一场出逃事件，出逃者漂泊八个月后返回雅典。当时雅典在伯罗奔尼撒战争中落败，斯巴达人扶持的"三十僭主"寡头统治肆意妄为，众多民主派人士被迫流亡。苏格拉底虽不认同民主制，但也反对寡头统治，他选择留守雅典。尽管他曾表示与民主派交好有益，但提及此次出逃事件或对其不利。凯瑞丰是苏格拉底早年密友，因举止怪异闻名雅典，不仅在《申辩》中出现，还常被喜剧嘲讽。

⑯ 传说中，阿波罗斩杀了守护德尔斐神殿的巨龙皮图，自此获得了象征神谕权威的皮媞亚徽标，其神殿的祭司们也因此被统称为皮媞亚。在传统认知中，神谕为"苏格拉底是众人之中最具智慧者"，但苏格拉底认为凯瑞丰的否定性阐释与肯定性表述本质相同，从他后续也用肯定说法可见。色诺芬《申辩》也记录了这一神谕，有观点认为他可能借鉴改写柏拉图记述，以契合自己笔下苏格拉底的形象与思想。

⑰依据雅典当时的律法规定，若要援引神谕作为依据，必须有证人进行佐证。为此，苏格拉底选择以凯瑞丰的弟弟作为证人。从现有资料推断，这位证人极有可能就是色诺芬在《回忆苏格拉底》中所提及的凯瑞克拉底。此外，关于凯瑞丰未在《斐多》中登场的原因，很可能与前文所述他已离世的情况相关。

⑱苏格拉底连续几次提出同一个问题，这一行为充分显露了他内心的困惑，显然他曾从多个维度反复思索。当苏格拉底声称自己并无知识时，绝非在故作谦虚，而是发自肺腑的表达；他坚信神明不会说谎，同样也是郑重其事的态度。由此可见，这背后隐藏着寓意深刻的谜团，亟待人们去探寻真相、揭开谜底。

⑲苏格拉底对此事表现出不情愿的态度，根源在于这极有可能证明神谕存在错误。不过，他并不担忧雅典民众会因此指责他亵渎神灵。在当时的社会背景下，多数雅典人对皮媞亚的阿波罗并无太多敬意。回顾过往，神谕的倾向常常背离雅典：不仅多次偏向波斯人和斯巴达人，而非与腓尼基人结盟的雅典；后期更是转而支持马其顿的腓力，这使得雅典人最终放弃向这位神祇祈求神谕。正因如此，欧里庇得斯在《伊翁》等悲剧作品中，

赋予皮媞亚的阿波罗负面形象；《理想国》所引述的埃斯库罗斯戏剧片段，同样对这位阿波罗展现出不敬之意。

⑳苏格拉底此前刚强调神不会说谎，此刻却表示要验证神谕的正确性。之所以出现这种看似矛盾的情况，实则是因为苏格拉底深知自己并非最具智慧之人。他要探究的并非神是否存在欺骗，而是神谕的字面含义未必准确，需要通过特定的解读方式，才能揭示其背后蕴含的真正意义。

㉑在柏拉图的时代，雅典人所说的"政治家"是指以公务为职业的人。苏格拉底在此并无实指，如果一定要猜出他在指某个人，就会偏离他的用意。但雅典人很容易会想到，这就是阿努图斯。《美诺》中表明苏格拉底和他很熟，他还参加了讨论。

㉒探究客观现实与大众认知之间的差异，成为柏拉图后期诸多对话录聚焦的核心议题。苏格拉底始终没有清晰阐明自己究竟掌握何种知识。在柏拉图的众多对话作品中，对美好、善、正义的探讨从未间断。这一探讨实则触及柏拉图思想的关键命题，何为理想的生活方式。不过，这一命题不能简单地以常规学科分类或知识框架来加以界定。

㉓ 苏格拉底在对话中多次以冥犬起誓，这一行为在《高尔吉亚》中有明确体现。在该篇对话里，他特别提到冥犬是埃及的神祇。部分版本认为，这种以冥犬发誓的方式是苏格拉底所独有的。在此情形下，苏格拉底打破了传统被告的应诉模式。通常而言，被告往往会避免提及任何对自身不利的信息，而苏格拉底却反其道而行之。他秉持着说真话的原则，选择将一切和盘托出，展现出坦诚的态度。

㉔ 这里所说的对象便是政治家与诗人。相较之下，工匠们掌握的知识虽真实，却存在明显局限；而政治家和诗人所具备的知识，本质上是虚妄不实的。无论是这种有限的真实知识，还是虚假的认知，对于人们的生活而言，所能产生的实际影响都较为微弱。

㉕ 此处的"苦役"一词，定会让希腊人联想到赫拉克勒斯所经历的艰辛劳作。然而除了赫拉克勒斯的典故，文中提及的"奔波"或许还暗指着古代英雄奥德修斯那充满磨难的漫长旅途。

㉖ 想理解苏格拉底探究诗人智慧的缘由，需从古希腊文明语境切入。当时诗人被视为特殊工匠，自荷马时代起就被认为

掌握神启知识，且在公元前五世纪后半叶前，诗歌是思想表达的主要载体，直到公元前四世纪散文才成主流。苏格拉底是首位否定诗人所传内容为"知识"的人，在《理想国》《申辩》中都有质疑。因与知识紧密关联，诗歌在古希腊教育中占据核心地位。这里的"其他各类诗人"不包括喜剧诗人，因其不承担知识传授功能；文中强调悲剧诗人和酒神赞美诗人，是因为雅典每年为其举办高规格、重奖励的官方赛事，"其他各类诗人"则指除这两类外的创作者。

㉗ 起初，苏格拉底走访诗人是为了验证自己并非最具智慧之人；而此刻，他又表现出想要从诗人那里汲取知识的意愿。不论苏格拉底的这一态度是出自真心还是假意，都展现出他独特的幽默风格。

㉘ 在智者派思想的影响下，解读诗歌成为当时颇为流行的娱乐风尚。苏格拉底在《普罗塔戈拉》中故意曲解西蒙尼德斯的诗作，正是对这种随意解读诗歌现象的辛辣讽刺。当苏格拉底在此处指出诗人并无真正的智慧，其成就源于智慧之外的因素时，实际上已隐晦地将诗人与政治家相提并论。然而，此前

对政治家的论述，仅聚焦于其无知的一面，并未提及他们是否具备智慧之外的能力。这种在《申辩》中对两者的差异化表述，极易让人产生诗人与政治家处境截然不同的认知。

㉙ 在苏格拉底审视过的各类人群里，工匠是唯一具备些许智慧的。由此可见，苏格拉底对不同人群的评判存在明显差异，这一点值得我们关注。

㉚ 将智慧之名加诸苏格拉底身上，实则是对他最主要的诋毁。我们不应将这一观点简单视作苏格拉底的自谦之词或反讽表达，而需以严肃审慎的态度加以考量。这种诋毁的根源，在于他人内心的嫉妒与怨恨。

㉛ 在柏拉图所塑造的苏格拉底形象出现之前，部分希腊哲学家曾探讨过神拥有智慧这一观点，也有哲学家提出人类知识存在局限性。然而，此前却无人将这两个观点有机结合。关于毕达哥拉斯的一则传说称，他认为唯有神配得上"智慧"之名，因此拒绝以"智者"自居，而是自称为"爱智者"，即哲学家。倘若这一传说属实，那么它无疑具有深远意义。

㉜ "异乡客"的范畴既涵盖普罗塔戈拉等智者，也包括高

尔吉亚这样的演说家。公元前590年，在第一次神圣战争结束后，联邦会议采用特定模式进行宣誓，自此，这种宣誓模式在希腊联邦会议中得以固定下来。在柏拉图的其他对话作品里，也出现过类似表述。这些情况共同反映出一个现象：当某种崇高的存在无法直接干预人间事务时，人类便会代其行事。就此处而言，德尔斐的神祇无法亲自向世人揭示其无知的本质，于是苏格拉底主动承担起这项使命。此时，苏格拉底已然领悟神谕的深层意蕴，不再试图反驳神谕的说法，转而致力于践行神谕的旨意。

㉝ 苏格拉底后续对政治与家事议题提出了不同的阐释，这两种解释未必冲突。从苏格拉底曾于公元前432年至公元前424年担任装甲步兵推断，其早年经济状况应较宽裕。因为当时只有拥有一定财产基础的人，才具备成为装甲步兵的资格。他自述因投身神指派事务而贫困，且前文显示公元前424年至公元前423年其经济状况骤陷贫穷，背后或有重大变故。

㉞ 此处的描述暗含深意，表明这些青年并非受他人劝说才跟随苏格拉底，而是主动选择追随。这与智者学派的情况形成鲜明对比，智者们往往需要通过说服才能让弟子们追随自己。

此外，普罗塔戈拉曾提出观点，认为富人通常会在教育方面投入更多时间。尽管苏格拉底在审视众人时也会提及其中的快乐，但这种快乐并非他的核心追求，他的主要目的并不在此。

㉟ 当被指出自身的无知时，人们应当自省并对自己感到不满，这正是苏格拉底一贯秉持的典型态度。然而，对于相关表述的解读，学界一直存在两种截然不同的观点。传统的翻译与诠释，往往将其理解为"人们应当对我生气，而非对那些青年生气"；但也有学者持有不同见解，他们认为这句话意在表达：这些人在被揭露无知后，本应自我反思、对自己感到懊恼，可实际却将怒气发泄到了苏格拉底身上。结合其他文献中的相关论述，我们最终采纳了后一种理解方式。

㊱ 莫勒图斯作为名义上的原告，其身份值得深入探究。雅典曾有一位同名的悲剧诗人，他创作了《俄狄浦斯》三部曲，并在阿里斯托芬的喜剧《蛙》中遭到抨击。不过，我们并不能就此认定这位诗人就是起诉苏格拉底的人。起诉苏格拉底的莫勒图斯或许也有诗歌创作经历，因此被视为诗人的代表；也有观点认为，他是那位悲剧诗人莫勒图斯之子，这或许就是苏格

拉底称他代表诗人的原因。

㊲ 部分研究者提出观点，认为原文存在错误，主张应当由阿努图斯代表工匠，吕孔代表政治家和演说家。然而，这种解读缺乏足够的说服力。阿努图斯身为制革工匠，同时也是当时极具影响力的政治家之一。正因如此，让他同时代表工匠以及政治家这两类群体，完全合乎逻辑。阿努图斯正是苏格拉底所描述的那类人，因自身在手艺领域表现出色，便自认为也精通国家事务。在当时的雅典社会，工匠或商人投身政治活动是极为常见的现象。

㊳ 这位吕孔，极有可能是色诺芬《会饮》中登场的同一人物。至于文中"演说家"具体所指，尚存在一定模糊性。依据有人对雅典政治的研究成果，到公元前420年，"演说家"一词在当时语境下多用来指代"政治家"，而非像高尔吉亚这类以传授修辞术为业的教师。并且，其他文献记载显示，吕孔同样是一位政治家。基于此，有学者提议，应将前文"工匠和政治家"中的"政治家"挪至此处表述。无论是否认可这一修改建议，能够确定的是，吕孔所代表的绝非智者群体中的演说家。

㊴ 这三人分别作为各自阶层的代表提出控诉，其言行实则反映了所属群体的共同意见。苏格拉底在此处对过往诋毁言论的驳斥，呈现出清晰的三个阶段脉络：首先，那些接受苏格拉底审视的人因心生怨恨，开始四处散播不实谣言对他进行污蔑；其次，这些谣言致使雅典民众逐渐对苏格拉底产生反感；最后，莫勒图斯等人正式向苏格拉底发起诉讼。值得注意的是，这三个阶段与该部分开篇提及的三个阶段形成了巧妙呼应。

㊵ 关于这句话存在两种主流解读分歧。一种观点认为，其含义为"这便是我遭人忌恨的缘由"，意即此前陈述的内容就是引发忌恨的因素；然而，当下多数人持有不同看法，他们认为苏格拉底真正想表达的是，自己此刻说出这些话，仍会招致他人忌恨。

【点评】

在《申辩》的核心章节里，苏格拉底开启了正式的自我辩护。这部分内容主要围绕对过往控告者与新控告者的反驳展开，本章着重聚焦于前者。苏格拉底重新梳理指控脉络，看似再次审视，实则深入剖析指控背后隐藏的大众偏见逻辑。

苏格拉底佯装对莫勒图斯的指控一无所知，以猜测的方式切入。他关注的并非指控的字面意义，而是深挖指控与大众固有偏见间千丝万缕的因果联系。他将针对自己的控告历程归纳为三个阶段：最初，一小撮别有用心之人通过恶意诽谤误导众人；继而，这些不实言论致使他在民众心中声名狼藉，招致无端猜忌；最终，基于这些负面印象，莫勒图斯发起正式诉讼。

柏拉图擅长在论述结尾呼应开篇，在"驳斥以前的控告者"的收尾处，同样以三个阶段回溯：先是被苏格拉底诘问的对象出于报复心理四处散播不实指控；接着，这些诽谤之词成功渗透进雅典民众的认知；最终，莫勒图斯、阿努图斯和吕孔将其推上审判席。

在语言表达上，苏格拉底的措辞虽让现代读者觉得有些刻意，但这或许正是柏拉图的写作策略。《申辩》整体文风质朴简洁，与苏格拉底在"绪论"中的表述风格一致，摒弃了高尔吉亚式的华丽修辞。文中提及的"多重变格"修辞手法，看似烦琐重复，实则是为了强调关键内容，在汉语中难以找到完全对应的表达。

为了更好地展开辩护，苏格拉底将先前控告者的指控整理成规范的司法形式。模拟的诉状清晰地展现出同胞对他的误解，人们错误地将他视为有无神论倾向的自然哲人，还把他归为不择手段的智术师，认为他为了诡辩而歪曲真理。

阿里斯托芬的《云》在苏格拉底的被控案中角色特殊。剧中将苏格拉底塑造成"坐在空中篮子里朗诵"的形象，虽上演未成功，却可能加深了大众偏见。不过，关于阿里斯托芬创作此剧的动机众说纷纭。有人认为他是受苏格拉底敌人唆使，但这与柏拉图及阿里斯托芬其他作品中对苏格拉底相对尊重的态度不符；也有人觉得他是误解了苏格拉底的学说，将其与智术师混为一谈。实际上，苏格拉底与智术师在某些行为和研究方式上存在相似之处，加之他与阿尔喀比亚德、欧里庇得斯等革新者关系密切，这些都成为他被误解的客观因素。但《云》的上演与苏格拉底受审间隔 24 年之久，且该剧当时未产生严重影响，因此它并非苏格拉底受审的直接原因。

苏格拉底在辩护中，着重反驳了与自己相关的几项关键指控。对于被指责从事自然科学研究，他坦言年轻时虽对自然研究有兴趣，但后来意识到自己缺乏这方面天赋，且认为自然学家研究的问题超出人类心智能力，结论也无实际用处。他以反讽的方式表达了对科学研究的态度，既不蔑视科学，也不认可将其作为自己的主要研究方向。

在驳斥被指控为智术师这一点时，苏格拉底并未将责任归咎于阿里斯托芬。他指出，自己与智术师唯一的相似之处是受到年轻富家子弟的追捧，但这并非他被污蔑的根本原因。实际上，苏格拉底对智术师的态度是带有敬意的调侃，他拒绝公开谴责他们，甚至承认自己是普罗迪科斯的学生。此外，他坚决否认自己教授学生并收取费用，从其门徒的证言以及他自身的价值观来看，他认为收费教授德行是可耻且荒谬的行为，他依靠自愿捐献维持生活，与靠收费教育牟利的智术师有着本质区别。

为了进一步说明问题，苏格拉底列举了高尔吉亚、普罗迪科斯等著名智术师，描述他们通过收费教学获取财富的情况，与自己进行对比。他以反讽的语气，强调这些智术师的成功以及学生们对他们的追捧，实际上是在讽刺那些不实指控，凸显自己与智术师在教育理念和行为上的差异。

随后，苏格拉底解释了人们对他进行人身攻击的根源。他提出"凡人的智慧"这一核心概念，认为自己的智慧在于认识到自己的无知。这种无知之知包含对获取知识方法的理解和自我认识，是介于神明绝对知识和自以为是的傲慢之间的一种智慧。为了证明这一观点，他讲述了凯瑞丰前往德尔斐神庙求问神谕的故事。神谕称没有比苏格拉底更智慧的人，这让他感到困惑，为了弄清楚神谕的含义，他开始考察各类人。

在考察过程中，苏格拉底发现政治家的能力并非基于理性知识，诗人虽受神启却不理解自己的创作，而手艺人虽拥有一定知识，但这种知识具有局限性。通过这些考察，他最终证实了神谕的正确性，即人类的智慧价值有限，而他与众不同的智慧就在于对自身无知的清醒认识。

苏格拉底还阐述了自己的使命和生活方式。他将神谕视为一种宗教义务，认为自己的职责是引导人们认识自己，追求智慧。由于全身心投入这项使命，他无暇参与政治和谋取财富，这也导致他与富家子弟交往密切，进而引发他人误解。他将自己的贫穷归因于对使命的坚守，早年他可能具备一定财富，但因专注于精神追求而忽视个人事务，致使家道中落。

最后，苏格拉底点明当前控告者利用以往诽谤对他进行指控的事实。莫勒图斯、阿努图斯和吕孔作为主要控告者，各自有着不同背景和动机。莫勒图斯是不太成功的肃剧诗人，阿努图斯在政治上势力强大且对苏格拉底积怨已久，吕孔则因滥用职权与苏格拉底为敌。受当时法律和"大赦"法令限制，控告者无法以政治罪名指控，只能用模糊表述回避敏感内容。苏格拉底辩护旨在揭露指控背后的真实意图与控告者阴谋。

苏格拉底在《申辩》中对以前控告者的驳斥，通过严密的逻辑、巧妙的反讽以及对自身理念的坚守，有力地回应了不实指控，展现了其独特的哲学思想和高尚的人格品质，也为后世留下了宝贵的精神财富。

申　辩

【导读】

　　接下来的内容是苏格拉底真正意义上的申辩中没有的，到本章结尾处，才是他真正申辩的内容。此前他通过步步追问，迫使莫勒图斯承认对自己的指控源于既往不实污蔑，且他已预先有力驳斥相关谣言，证实控告既无事实依据，也不符合法庭受理条件，这种辩护策略在当时的法庭辩论中较为常见。

　　阿努图斯等人起诉苏格拉底的真实动机及《申辩》的真实性，是苏格拉底与柏拉图研究的核心议题。学界普遍认为，雅典民主派因担忧其威胁民主制度而发起控告，尤其因其与反民主人物阿尔喀比亚德、克里提阿斯的关联及对民主制的批评。柏拉图的《申辩》以真实申辩为基础，通过哲学重构，将冲突升华为政治与哲学的深层矛盾，弱化了历史上的意识形态之争。

从历史诉状看，"不虔敬"是苏格拉底的主要指控，这与普罗塔戈拉等智者被控类似，反映出雅典对智者传统的抵触。但在柏拉图笔下，苏格拉底主动将自身与智者传统关联，再以"无知之知"加以区分，借此为哲学辩护，其对"不虔敬"与"败坏青年"的辩驳，并非单纯为了脱罪，而是从哲学层面重新定义宗教与教育。柏拉图通过神谕、"无知之知"等概念，将苏格拉底之死与哲学使命绑定，使审判超越具体政治冲突，成为哲学与城邦根本矛盾的象征。这种重构并非歪曲历史，而是将事件提升至哲学维度，凸显哲学生活对城邦传统的挑战与反思。

苏格拉底对莫勒图斯的讯问在以独白为主的《申辩》中独具特色。这段对话与全篇结构紧密契合，通过反驳"不信神""败坏青年"两项指控，揭示莫勒图斯对其言论的无知，进而探讨教育与宗教议题，集中展现哲学使命。

在柏拉图笔下，苏格拉底将教育视为根本、宗教从属于教育，暗中以"败坏青年"为核心展开辩驳，否定智者以知识牟利的模式，首次将哲学与教育深度融合，通过对话否定伪知识，使哲学求知过程成为教育过程，既省察他人，也自我提升。

人的认知局限决定了必须在不完美的城邦中追求正义，而将哲学与教育割裂的智者，其理论脱离现实、教育妥协于政治。苏格拉底通过持续对话对抗政治不义，却因触怒众人付出代价：多数人将对话视为政治竞争，而非自我省察的契机。

苏格拉底与莫勒图斯的对话超越了专家教育与大众教育的表层争议。莫勒图斯反对智者教育有其现实依据，但其回答的荒谬本质在于回避核心问题：苏格拉底是否真的败坏青年。这段讯问的哲学意义，在于以司法辩论为载体，揭示哲学、教育与政治的深层关联。

苏格拉底认为教育的根本是让青年变好，因人类无法达到绝对完美，故选择通过揭示知识缺陷实施教育，这种方式易被误解为"败坏青年"，莫勒图斯的指控便源于此。苏格拉底式教育以"受教者理解并愿意接受"为前提，强调双向互动，与伯里克利主张的雅典公民主动教育模式形成对照。

在《普罗塔戈拉》中，普罗塔戈拉通过创世神话论证"德行可教", 认为正义需普及众人, 但唯有专注智慧者才能真正培养优秀青年。这与苏格拉底"否定伪知识以求知"的教育理念虽形式不同, 但本质上均承认德行可教且需专人引导。古希腊将德行作为城邦政治的最低要求与最高境界, 形成"人人宣称有德"的必要"谎言", 暴露政治生活中"德行必要"与"现实匮乏"的深层矛盾, 苏格拉底的"无知之知"正是对此的辩证回应。

莫勒图斯未理解普罗塔戈拉的教育内核, 将教育依附于政治, 忽视德行培养的本质, 其诉状以政治指控"渎神"为首、"败坏青年"为附, 暴露对教育的漠视。苏格拉底提出"无人自愿行不义", 主张以教育纠正无意之恶, 与莫勒图斯"唯惩罚论"的政治思维对立, 凸显哲学与政治的矛盾。

在宗教议题上, 苏格拉底以"教育为根本、宗教为从属"的逻辑引导莫勒图斯陷入辩论圈套。雅典未确立国家宗教, 对"新神"态度宽容, 苏格拉底提及的"精灵"未被双方视为"不虔敬"的证据, 反映出指控逻辑的政治工具性, 而非真正的宗教冲突。

在雅典, "无神论"是严重的不敬之罪, 普罗塔戈拉等人曾因此受控诉。雅典人误把苏格拉底当作智者，《云》更将他塑造成无神论者，所以莫勒图斯指控其"不敬神"，实际暗指"无神论"。尽管苏格拉底多次澄清自己承认阿波罗神谕、以神起誓、遵循宗教仪式，还用"信精灵必信神"自辩，却依然不被认可。

苏格拉底虽信奉诸神、参与祭祀，却坚信"神必至善"，无法认同传统神话里神的争斗、不义等恶行，甚至因直言不讳招来控诉。其守护神引发争议，关键不在于"信新神"，而是他宣称神谕为道德指引的独特主张，触犯了雅典人的认知边界。

施特劳斯指出，苏格拉底真正的"不敬"，在于以"好"的理念为终极标准，若传统神话中神的行为不符合"好"，他就倾向于否定其真实性。这看似用"理念"取代传统神权，实则源于"无知之知"，《斐多》中的"理念"仅是哲学假设，并非绝对真理。他并未将理念凌驾于神之上，只是以辩证思考探寻"好"的本质，却因此被视为威胁传统秩序的"异端"，这本质上是哲学与城邦传统的根本冲突。

苏格拉底的"无知之知"认为，美好与善的理念只有神能知晓，人类只能以理念为工具探索美好生活，并未引入新神。

他批判诗人对神的描述，并非质疑神的本质，而是以"儿子不应反对父亲"等人伦常理为依据，否定神话中神的不义形象，这是基于人事逻辑的朴实推理。

苏格拉底的"不敬"，本质上是动摇了雅典人对"神圣知识"的虚妄认知。他谦恭履行祭祀，维护人伦常理，实际上比控告者更虔诚，后者将自己当作神圣知识的代言人，借宗教谋取政治私利，比如阿努图斯与莫勒图斯控告苏格拉底，并非为了城邦安全，而是想保住政治声望。

"无知之知"的辩证之处在于：既承认神的至高无上，又以常识伦理审视人间秩序，反对将宗教异化为政治权术。苏格拉底的哲学探索与政治参与，目的是通过辩证思考深化对生活常识的理解，而非颠覆传统。古希腊城邦宗教与后世教会组织都有个通病，即以意识形态化的"神圣知识"取代谦卑，模糊人神界限，而苏格拉底的批判，正是对这种傲慢的纠正。

【原典】

至此，我已就第一批原告对我的诬告进行了充分辩驳。接下来，我要回应的是莫勒图斯以及其他自称善良且热爱城邦的控诉者。由于这是另一拨人，我们有必要重新审视他们的指控。他们的诉状大致内容如下[①]：苏格拉底犯下不义之举，一是在于他败坏青年；二是他不信城邦所奉之神，反而推崇其他新奇的精灵事物[②]。

这便是他们的全部指控。接下来，我们逐条剖析。莫勒图斯声称我败坏青年，犯下不义。然而，雅典人啊！在我看来，真正行不义之事的恰恰是莫勒图斯。他把本该严肃对待的事情视同儿戏，草率地将人告上法庭，还假装关心那些他实则毫不放在心上的事务。现在，我将为诸位揭开事情的真相[③]。

莫勒图斯，你且过来。我问你，难道你不觉得，让年轻人尽可能地向善发展，是极为重要的事吗？

我当然这样认为。

既然如此，那就请你告诉在场诸位，究竟是谁能让年轻人变得更好？你肯定知道答案，毕竟你声称如此关心此事。你说发现了我这个"败坏青年"的人，还将我带到法庭公开控诉。那么，请说吧，到底谁才是培育青年的人？莫勒图斯，怎么不说话？没什么可说的吗？这难道不可耻吗？这不正说明你根本不关心这件事吗？我再问一遍，谁能让我们的青年成长得更好？

是法律④。

我问的不是这个，最好的人啊！我问的是谁最早掌握这些法律知识？

是这些人，苏格拉底，就是这些法官们。

你说什么，莫勒图斯？这些法官能够教导青年、助其成长？

当然。

是所有法官都能，还是部分能、部分不能？

所有人都能。

以赫拉之名起誓，这可真是个好消息！原来有这么多能帮助青年的人⑤！那在场的听众呢，他们也能让青年变得更好吗？

他们也可以。

那议员们⑥呢？

议员们同样可以。

莫勒图斯，照你这么说，公民大会里的成员⑦，也就是全体公民，都不会带坏年轻人，反而都能让他们向善？

正是如此。

这么看来，除了我，所有雅典人都在助力青年变得优秀，只有我一个人在毒害他们？你是这个意思吧？

完全正确。

你这观点可真是让我陷入了困境。我再问你，这道理对马匹也适用吗？你觉得所有人都能驯养出良马，唯独一个人会伤害马群是吗？还是说，只有一个人或极少数专业驯马师能培育良马，而大多数养马人反而会伤害它们呢？莫勒图斯，不管是马匹还是其他动物，道理不都一样吗？如果真如你所说，只有一个人败坏青年，其他人都在帮助他们，那我们的年轻人可太幸运了！但事实显然并非如此，你如此回答，恰恰暴露了你从未真正关注过青年，也清楚地表明你对控诉我的这些理由，根本毫不在意^⑧！

还有，莫勒图斯，请以宙斯之名发誓，诚实地回答我：一个人是生活在善良的人群中更好，还是邪恶的人群中更好^⑨？朋友，回答吧，这问题并不难。难道不是恶人总会伤害身边的人，而好人总会带来益处吗？

确实如此。

那谁会希望被身边的人伤害，而不是得到帮助？回答我，好人，法律要求你回答。有人甘愿被伤害吗⑩？

当然没有。

那好，你把我告上法庭，说我败坏青年、让他们变坏，那我这么做是有意的，还是无意的？

我认为是有意的。

莫勒图斯，这就奇怪了！难道你年纪轻轻，反倒比我这把年纪的人更有智慧吗？你知道坏人总会伤害身边的人，好人总会行善，而我却无知到连这点儿都不懂？如果我做了伤害他人的事，就必然会遭到反伤，可我还像你说的那样，故意去做这些坏事吗？莫勒图斯，你这话根本无法说服我，我想也说服不了其他人。所以，要么我根本没有败坏青年，要么就算有，也是无心之失，你在这两点上都在说谎。如果我是无意犯错，法律不会把我送上法庭，而是会私下教育、告诫我。毕竟，只要我知道错在哪里，肯定不会再犯。但你一直躲着我，拒绝教导，反而直接将我推上法庭。要知道，法庭是惩戒犯错之人的地方，而不是用来开导无知者的^⑪。

雅典人啊！我想至此已经说得很明白：莫勒图斯根本没把这些指控当回事儿^⑫。不过，我还是要问你，莫勒图斯，你说我败坏青年，究竟是如何败坏的？从你的诉状来看，是不是因为我教导他们不相信城邦所信奉的神明^⑬，转而信奉其他怪异的精灵事物？你指控我的，不正是这点吗？

确实如此。

莫勒图斯，看在众神的份儿上，请你给我和在场所有人解释得更清楚些。我不太明白，你是说我教导人们相信某些神明的存在。也就是说，我并非完全的无神论者，也并非因此有罪，但我所信的不是城邦认可的神，而是其他神，这才是你指控我的核心；还是说，你认为我根本不信神，还教唆他人也不信神？

我指的是后者，你就是个彻头彻尾的无神论者。

真是让人吃惊，莫勒图斯！你为什么这么说？难道我和其他人不一样，连太阳和月亮都不视为神明^⑭？我以宙斯之名发誓，法官们！他声称太阳是石头，月亮是泥土^⑮！

亲爱的莫勒图斯，你这是在控告阿那克萨戈拉吧？你是不是太轻视大家了，认为他们不通文墨，以为没人知道克拉佐美尼的阿那克萨戈拉的著作里，到处都是这类说法？再说了，年轻人会从我这里学到这些吗？他们花一个德拉克马，在剧场演出时，从乐队那里就能听到这些观点⑯。难道我要把这些陈词滥调据为己有，而他们还要向我请教？以宙斯之名，在你眼里我就是这样的人吗？我真的不信任何神明吗？

千真万确，你就是个无神论者！

莫勒图斯，这话实在难以让人信服，我甚至怀疑你自己都不信。雅典人啊！在我看来，此人实在鲁莽轻率，这份诉状恐怕只是他年少气盛、一时冲动的产物。他就像是编了个谜语来试探我："这个号称'智慧'的苏格拉底，能不能看出我在开玩笑、自相矛盾，还是会被我和其他听众蒙骗？"

因为在我看来，他的诉状里充满矛盾，简直就像在说："苏格拉底有罪，因为他不信神，又因为他信神。"这不是荒唐的笑话吗？诸位，请和我一起分析，为何我会这么认为⑰。莫勒图斯，请你回答我们！

雅典人啊！请大家一如我最初所恳请的那样，保持安静。

若我以惯用的方式阐述观点，还望诸位不要喧哗打断[18]。莫勒图斯，我问你：会有人坚信人类的行为真实存在，却否认人类本身的存在吗？各位，请让他回答，先别出声。那会不会有人否认马匹的存在，却相信马夫能驾驭马匹呢？又或者，有人相信吹笛的行为，却不相信吹笛者的存在呢？显然不会，最好的人，没人会这么想。既然你不愿回答，那我就替你回应大家。不过，请回答下一个问题：会有人相信精灵之事确实发生，却否认精灵本身的存在吗？

当然没有这样的人。

太好了！你总算开口作答，尽管有些不情愿，还是被陪审员们"逼"着说了话。你在诉状里发誓指控，说我相信并教唆他人相信精灵事物，不论新旧。既然如此，按照你的说法，我至少是承认精灵存在的。然而如果我相信精灵，自然也会相信有精灵之物，不是吗？

我们都认同，由于你并未回答，我就假设你同意这一点。神灵要么本身就是神明，要么是神明的后裔，你认可吧[19]？

当然是。

那么，如果我真如你所言相信精灵，假设精灵本身就是神明 ⑳，那你可真是在跟我玩文字游戏、故意刁难。你先是控告我不信神，可现在又因我相信精灵，间接承认我信神。再假设精灵是神明的后代，无论是宁芙所生，还是其他女神的子嗣，又有谁会相信神的后裔存在，却否认神明本身的存在呢？这就好比有人相信骡子，即马和驴的后代，真实存在，却否认马和驴的存在，实在荒谬至极。

莫勒图斯，你写下这份诉状，恐怕是想借此试探我们，又或者是根本找不到其他罪名来指控我。无论如何，想要说服任何一个稍有理智的人，让他相信一个人既相信神灵之事、神明之事，却又不相信神灵、神明和英雄的存在 ㉑，根本不可能！

雅典人啊！我根本没有犯下莫勒图斯诉状里罗列的罪名。我想，刚才的辩驳已经足够说明问题，无须再多费唇舌。但请诸位明白，我此前所说的，众多人对我的深切怨恨才是事实。倘若我被判有罪，真正的根源绝非莫勒图斯或阿努图斯的指控，而是那些恶意的诽谤与嫉妒。过去，已有许多人，甚至不乏正直之士，因同样的原因蒙冤获罪。恐怕这种情况还会继续，不会在我这里终结[22]。

【注解】

①第欧根尼·拉尔修在《名哲言行录》中记载，罗马皇帝哈德良时期雅典档案库藏有苏格拉底诉状：莫勒图斯指控其"不信城邦之神、宣扬新奇精灵之事""败坏青年"，应判死刑。柏拉图笔下诉状调换了两项罪状顺序，且苏格拉底申辩时未逐字复述，而是以间接引语优先反驳他认为更关键的"败坏青年"指控，对"不信神"回应相对次要。事实上，雅典法律中"不敬神"属于严重罪名，"败坏青年"多为道德谴责性附加罪名。不过，雅典法律档案是否真的完好保存至哈德良时期仍存疑。

②探究"败坏青年"罪状可参考柏拉图的《政治家》，其中，外邦人指出未依法研习航海术、医学者应被指控"败坏青年"，可见成熟期柏拉图认为阿努图斯控告苏格拉底的动机是怀疑其对城邦不忠。苏格拉底被控不敬神，因信奉相对雅典旧神的"新的精灵之事"，控告者用"精灵"这一模糊表述耐人寻味。阿努图斯已知苏格拉底与曾试图创建超脱城邦宗教体系并遭驱逐

的毕达哥拉斯学派有交集，故怀疑其从事类似活动、削弱民众对城邦的忠诚，且此处"精灵"显然非指苏格拉底个人守护神。

③ 苏格拉底所指主要包含三方面：把严肃之事当儿戏、随意让人卷入诉讼、未真正关注自称关切的事务。后续诘问环节虽表面顺序颠倒，但核心始终围绕这三个问题展开。我们认为这三个问题本质上紧扣两项关键指控，其中莫勒图斯的指控是论述核心。在第三个阶段，苏格拉底着重揭露莫勒图斯将严肃事务视同玩笑的行为，他未直接驳斥指控，而是揭示莫勒图斯如何儿戏对待严肃之事、漠视青年等。苏格拉底对莫勒图斯的回应，与审视自诩聪慧实则无知之人的方式一致，属于其在雅典践行神圣使命范畴。在这类案件中，原告同时是关键证人，若苏格拉底能证实上述几点，莫勒图斯的指控及证据便会失去说服力。

④ 在苏格拉底与莫勒图斯的对话中，莫勒图斯的回答契合雅典民主派"认知与技能从城邦同胞习得"的主流观点。不同文献对苏格拉底的提问方式存在争议：有观点认为其提供了多样回答可能，不存在逼问或欺骗，关键需结合当时雅典法律程

图斯的无知。部分文献借欧里庇得斯的《俄瑞斯忒斯》中涉及阿那克萨戈拉的观点，解读出"当时人们花一个德拉克马就能通过戏剧接触这些学说"，但"在乐队处购得阿那克萨戈拉著作"的说法因雅典书籍昂贵而荒诞。另有版本注释指出，此处强调人们能以少量花费学习理论，却未明确具体学习方式。

⑰ 在苏格拉底看来，莫勒图斯提交的诉状存在一处显而易见的逻辑悖论，而这一破绽已然展露无遗。苏格拉底接下来要做的，便是剖析这一矛盾的成因。他断定，莫勒图斯是故意使用表意含混的措辞，企图误导法官作出错误的判断。

⑱ 起初，苏格拉底面向在场众人侃侃而谈，随后将目光转向莫勒图斯展开对话。可当意识到接下来的论述将沿用自己一贯的言说风格时，他又再度将视线转回众人，予以一番告诫。柏拉图通过这种场景与对象的巧妙转换，成功营造出苏格拉底所言皆为临场即兴发挥的生动效果。

⑲ 在古希腊的宗教观念体系里，这种观点并未得到大众广泛认可。尽管"精灵"被视作神圣之物，但因其地位相对较低，通常不被人们当作崇拜对象。关于相关论证，我们需着重关注

两个关键环节：其一，承认精灵事件的存在，便意味着认可精灵的真实；其二，认可精灵的存在，实则等同于信奉神明。

⑳ 在荷马的笔下，神与精灵的界限近乎模糊，二者的特质与属性差异并不显著。然而，在后世作家的创作中，精灵逐渐被赋予了新的定位，成了连接凡人与神明的过渡性存在。特别是在柏拉图的作品里，这种对精灵的界定与诠释尤为突出。

㉑ 苏格拉底刻意采用迂回复杂的表述方式，使得莫勒图斯在辩论中难以跟上节奏，陷入无可辩驳的境地。即便论述形式繁复，其中的逻辑脉络却依然清晰可辨。苏格拉底对"英雄"概念的突然提及，乍看颇为意外，然而细究便会发现，在前文论述中已暗藏线索与铺垫。

㉒ 这段内容堪称苏格拉底最郑重的自我申辩，尽管从行文结构上看稍显偏离主题，却无疑是整个辩护的核心所在。极可能在真实庭审中出现且被陪审团理解。无论是否为原话，柏拉图认为它是对指控最有力的回应。苏格拉底以阿喀琉斯的故事作为开篇，摒弃了此前与莫勒图斯对话时的问答形式，使整场发言更显庄重严肃。先前关于"无知之知"的论述，从否定的

角度阐释了苏格拉底的使命，而这部分内容则从正面进行了肯定性的诠释。

【点评】

在雅典法庭辩论中，控辩双方常宣扬自身道德优势并贬损对手。苏格拉底澄清首批控告者的指控后，准备驳斥另一批控告者，强调仅概述控诉大意而非逐字复述。

近期指控看似与先前不同，实则"败坏青年"源于先前"教授他人"的指控，"不信神"可追溯至最初"研究科学问题"，当时认为此类研究易引发无神论倾向。此前"使用诡辩论证"的指控被苏格拉底完全省略。

对于首条罪状，苏格拉底先指出莫勒图斯的诉讼缺乏诚实，再以戏谑口吻提及其他指控，强调自身对神明的信仰。他即兴引述的指控与实际存在差异，尤其颠倒罪名顺序，将"败坏青年"视为核心。"不信城邦所奉之神"本质上是"不信奉国教"，苏格拉底以献祭证明自身信仰，却未回应异常宗教实践的指控，且其辩护假定指控聚焦于神明存在。

苏格拉底认为，莫勒图斯强加毫无根据的罪名、假装关心青年教育的行为纯属"开玩笑"，但也意识到"败坏青年"指控背后受错误因素影响的严肃意图，认定这场诉讼是莫勒图斯精心设计的闹剧，并提前嘲讽其在严肃案件上的嬉戏态度。

苏格拉底依照司法程序质询莫勒图斯，旨在暴露其对指控的无知。从策略上看，他本可通过展示莫勒图斯的愚蠢冲动赢得清白，但始终坚持说真话。尽管在讯问中让莫勒图斯陷入窘境，却未赢得民众同情；相反，莫勒图斯通过迎合雅典人的心理达到了自己的目的。

苏格拉底驳斥莫勒图斯时，未采用严肃论证，而是意在揭示控告者对诉状内容的无知，指出控诉实为借口，且未反驳"诡辩"质疑，为后续严肃辩护作铺垫。他诱导莫勒图斯承认"除自己外所有雅典人都在让年轻人变好，只有他在败坏青年"，这一有悖常理的论断体现了典型的苏格拉底式辩论风格。其盘问既遵循常规讯问流程，也为展示独特智慧提供了舞台。

苏格拉底就指控提出不合逻辑的问题要求莫勒图斯举证，后者起初沉默，最终以"法律"为证据。这一雅典民主派的常见回答，实则重复了阿努图斯在《美诺》中的答案。

雅典议事会由十个部族各选五十名年满三十岁的男丁组成，共五百人，与官员共同处理政务并为公民大会准备议程。从逻辑上看，"只有苏格拉底在败坏青年"的说法显然自相矛盾。

莫勒图斯因迎合陪审团的虚荣心、夸大其词而陷入被动。苏格拉底以"训练马匹"类比"培养青年"，嘲讽其荒谬逻辑，这种从熟悉事物出发的类比论证是他的一贯风格。

苏格拉底认为，有能力帮助邻居者不会故意使其变坏，还多次借莫勒图斯的名字玩文字游戏，证明其对指控漠不关心、无权诉讼，甚至一开始就让莫勒图斯以宙斯之名发誓，暗含讽刺。面对追问，莫勒图斯犹豫不决，却仍坚持指控苏格拉底为无神论者。

苏格拉底对莫勒图斯指控中显露的"知识的狂妄"感到惊讶，他以"人类不会主动做明知有害于己的事"否认有意败坏青年。通过巧妙追问，苏格拉底诱使莫勒图斯承认将自己指控为无神论者，随即指出这与诉状中"引入新神灵"的说法自相矛盾。当时研究自然科学者常被视为无视传统神明，苏格拉底认为，莫勒图斯添加"引入新神灵"的指控，实际上默认放弃了无神论指控，也暗示人们对"神灵"的理解已偏离传统。

这使得"败坏青年"与"引入新神灵"产生关联，"败坏青年"被等同于传授无神论学说。尽管苏格拉底试图通过论证无神论指控的矛盾来推翻诉状，但仍需解决与无神论无关的"败坏"问题。他引导莫勒图斯暴露真实想法，即便自己曾与阿那克萨戈拉的继承人交往，也并非被指控的主因，而且本可借"大赦"对基于狄俄佩忒斯法令的指控提起反诉。

阿那克萨戈拉在雅典研究自然哲学三十年，观点超前。若莫勒图斯将他与苏格拉底关联，足见其无知。苏格拉底以"请你以宙斯之名义起誓"反驳无神论指控，指出该指控与莫勒图斯的其他观点相悖，甚至暗示对方自己都未必相信这些指控。他反讽地设想莫勒图斯编造"信神又不信神"的悖论来试探自己，既表达对其能力的轻视，又向陪审团解释提问方式以营造真实感。

苏格拉底剖析出"相信神圣事物意味着相信神性，神性等同于神"的关键逻辑，借此绕开"不信国教"指控，集中反驳无神论。面对苏格拉底的严密论证，莫勒图斯试图转移注意力。苏格拉底虽未将指控当真，但辩论中始终保持礼貌。"神圣的东西"这一概念成为其论证的关键，后续还将围绕常阻止自己参政的"神迹"继续展开辩论。

苏格拉底的论证存有争议，他选用"神灵之事"却未准确译为论证所需的"现象"，但凭借巧妙比喻，迫使莫勒图斯承认"神灵"存在。在古希腊观念里，"神灵"是神与人的中间环节。他指出莫勒图斯写下诉状意在试探法庭，此前辩论始终围绕揭露指控的荒谬与自相矛盾展开，最终以"相信神灵之事必然相信神明存在"的逻辑，将莫勒图斯推入困境。

苏格拉底总结，与莫勒图斯的交锋并非重点，真正导致他陷入诉讼的，是长久以来的恶意诽谤。他认为已向法庭充分证明这一点，也深知因大众偏见蒙冤的情况自古皆然。至此，他结束直接辩护，直言真正的威胁来自大众的偏见与激情。接下来，他既不逃避判刑，也不刻意取悦众人，而是要展现品格、坚守使命、证明真理，坚信更公正的法官会认可其优点，未来人们会将他视作传播真理的先驱、为真理献身的烈士。

题外话

【导读】

在成功反驳莫勒图斯的指控后，苏格拉底开启真正意义上的申辩。这段看似偏离法庭辩论常规的"题外话"，实则是整篇讲辞的核心。柏拉图开篇援引荷马笔下阿喀琉斯典故，赋予演讲史诗般的庄严感，与此前辩论风格形成鲜明反差。

政治与哲学的冲突源于逻辑差异：二者虽均以追求美好生活为目标，但政治需在现实不义与利益权衡中有限度实践，哲学则以辩证思考直指真理。阿努图斯等人与苏格拉底的冲突源于现实考量而非原则对立，这种"必然的偶然"揭示了理想与现实的永恒矛盾。苏格拉底的哲学活动因触碰政治现实、危及既得利益而招致灾祸，而这一冲突恰是其使命政治意义的体现。

反驳两项罪状后，苏格拉底以《伊利亚特》中阿喀琉斯的故事为根基探讨死亡与哲学的关系，通过重构忒提斯与阿喀琉斯的对话场景，赋予英雄史诗哲学内涵：阿喀琉斯超越意气之争，转向对正义与美好生活的关注，既象征哲学生活的崇高，也暗喻自己如阿喀琉斯般，即便面对雅典"母亲"的死亡警告，仍坚守使命，正面阐述了"无知之知"的政治意义。

《申辩》首次展开死亡主题，苏格拉底在古希腊珍视生命的主流智慧下，超越个体安危，将哲学生命价值置于生死之上，赋予"无知之知"深层政治与伦理意涵：直面死亡必然性，方能彰显对真理与城邦的忠诚。他默认死亡是最大坏事，却强调为正义赴死胜过忍辱偷生，以阿喀琉斯自比，塑造了坚守真理的英雄形象。其"命令"的核心在于行"善"，既冒死坚守好事，也拒绝不义之令，虽称哲学使命是神谕，实则是领悟"无知之知"后的自主选择，对话是其生活方式与哲学任务。

苏格拉底与阿喀琉斯等皆以"真理和美好生活"为原则，直面死亡并非喜死恶生，而是源于对哲学生活的热爱与不愿向不义妥协。他坦言不知死亡本质，赴死是对生的权衡。其论述核心是"好"而非"服从"，判断标准是对方是否更优秀，凸显哲学之"好"高于政治"地位"。当雅典人以保命为由要求其停止哲学研究时，他重申哲学是生活方式与使命，反问对方为何不为忽视智慧与灵魂而羞愧，两次"羞愧"体现了对生命智慧的不同认知。

苏格拉底以劝诫雅典人关注灵魂开启对话，通过追问"如何关注"，揭露多数人自诩重视灵魂，实则追逐名利、固守教条的伪善面目。他不灌输真理，而是引导人们自我省察，进而认识到德行是灵魂的核心，金钱与身体唯有依托德行才有价值。这一过程贯彻"无知之知"，既承认人类对终极真理的认知局限，又通过辩证否定"不好"趋近"好"，在不完美中追寻更好生活。

苏格拉底的哲学活动依赖辩证对话，天然带有政治性。他试图与雅典人构建爱智共同体，将哲学思考与城邦兴衰紧密相连，强调城邦应摒弃对财富荣誉的沉溺，以德行追求智慧。面对死亡这一终极局限，他秉持"德行即至好"，超越恐惧，将《伊利亚特》式的悲壮死亡升华为哲学层面的淡然。

在雅典人的抗议中，苏格拉底以"马虻"自喻：雅典如昏睡的骏马，他以哲学"叮咬"唤醒其活力，虽渺小却肩负神圣使命。这一比喻既延续其"为雅典申辩"的真诚，也揭示哲学的本质，即非传授知识，而是引导认识局限与德行。他不直接参政，却以哲学与教育介入政治，恰似孔子"是亦为政"与耶稣"天国不在地上"，指向超越传统政务的更根本政治领域：通过对话省察，影响城邦的精神与价值。

广义政治是人类交往中对美好生活的追寻，狭义政治则指由国家、法律和暴力构成的制度。苏格拉底认为制度政治因机制复杂、依赖暴力而难以实现正义，与孔子试图以礼乐教化平衡制度与理想的路径不同，他从根本上否定政治制度实现美好生活的可能，认为任何制度都内含不义，公开反对城邦不义者难容于体制。

苏格拉底选择以教育践行政治理想，通过日常对话驳斥伪知、激发灵魂省察，拒绝灌输教条，强调教育是引导独立思考而非传授绝对知识。这种自由教育赋予个体充分自主，却也因学生选择的多样性而面临风险。尽管他辩称不为弟子行为负责，并以在场弟子及民主派人士的支持为证，仍因与反民主人物的关联遭雅典审判。

然而，身处城邦之中，苏格拉底的哲学活动难以逃脱政治审判。尽管他拒绝向政治妥协，但仍因弟子与反民主人物的关联而遭定罪。其申辩与赴死，是哲学与政治不可调和矛盾的终极体现，更是对哲学使命的最后坚守。

【原典】

那么，或许有人会质问我："苏格拉底，你所执着追求的事业，如今竟让你深陷死亡的险境，难道你不觉得羞愧吗[①]？"

对此，我会郑重回应："朋友，你的说法并不恰当。倘若你觉得一个稍有良知的人，在行事时首先考虑的应是生死之险，而非行为本身的正义与否，以及自己的举止究竟是勇敢高尚还是懦弱卑鄙，那可就大错特错了。照你的逻辑推断，那些在特洛伊战场上英勇捐躯的半神们，岂不是都成了无足轻重之辈？其中就包括忒提斯之子阿喀琉斯[②]。他将危险视若无物，宁死也不愿忍受耻辱。据我所知，当他一心想要为挚友帕特罗克洛斯报仇，击杀赫克托尔时，身为女神的母亲曾这样告诫他，'孩子，若你为帕特罗克洛斯复仇，杀死赫克托尔，你的生命也将走到尽头。我必须告诉你，赫克托尔死后，你的命运便已注定。'然而，阿喀琉斯并未因死亡的威胁而退缩，反而更畏惧苟且偷生，害怕不能为朋友们讨回公道。他毅然决然地说：'就让我即刻死去吧！只要能惩罚那个不义之人，我不愿再留在这弯弓般的舰船旁，遭人耻笑，成为世间的累赘。'你仔细想想，他在做这个决定的时候，何曾把死亡和危险放在心上呢？"

雅典人啊！事情的真相便是如此：无论一个人是出于自愿，认定某个岗位最为合适而驻守，还是接受长官的安排，在我看来，他都应当坚守阵地，直面危险，将羞耻感置于死亡或其他因素之上③。

回顾过往，雅典的人啊！那些由你们推选出来指挥我的人④，曾将我派驻在波提狄亚、安斐波利斯以及德利昂附近⑤，我始终与众人并肩作战，毫不畏惧死亡的威胁。如今，既然我坚信是神明赋予我使命，要我以哲学为志业，审视自我与他人⑥，倘若我因恐惧死亡或其他缘由而擅离职守，那无疑是犯下了不可饶恕的过错。这不仅是严重的恶行，更会让我因违背神谕、畏惧死亡、自欺欺人地装作智慧而被正义地送上法庭，被控告不信神明。

雅典人啊！畏惧死亡实则源于一种自以为是的愚蠢，明明对死亡一无所知，却笃定它是最可怕的厄运。殊不知，没人能确定死亡对人类而言，是否并非最大的福祉。这种将未知事物臆断为恶的心态，难道不是最该被批判的无知吗？

在这一点上，或许我与他人有所不同。对于未知之事，我从不故作通晓。但我十分清楚，违抗神明的旨意与领袖的命令，是邪恶且可耻的行为。因此，我不会因恐惧而逃避那些尚未明晰的事物，即便它们可能给我带来灾祸。

阿努图斯曾向你们宣称：要么别将我送上法庭，要么一旦我站在这里，就必须将我处死。他声称若判我无罪，你们的后代会受我教导的影响，走向堕落。即便你们没有被阿努图斯说服，决定判我无罪，却提出条件："苏格拉底，我们不再听信阿努图斯的话，愿意判你无罪，但你必须停止现有的探索，也不能再追求哲学知识⑦。一旦发现你违反，就会处死你。"

若你们以这样的条件赦免我，那么，我会郑重回应："雅典人啊！我对你们满怀敬意与热爱，但我必须遵从神明而非你们的旨意。只要一息尚存，我就绝不会放弃哲学的追求⑧，不会停止劝告你们，也不会停下向每一位相遇者传达真理的脚步。我仍会以一贯的方式告诫大家：'尊贵的雅典人啊！你们来自这座以智慧与力量闻名于世的伟大城邦，难道不觉得羞愧吗？你们汲汲于财富的积累，追逐名声与荣誉，却对智慧、真理和灵魂⑨的升华不闻不问。'倘若有人对此表示异议，声称自己有所关注，我绝不会轻易放过，定会反复追问、深入审查、直言诘问。倘若在我看来，他徒有美德之名，实则无德之实，我必将指出他本末倒置，将珍贵之物视若草芥，把无足轻重之事奉为圭臬。无论面对年轻人还是年长者，外邦人还是本邦人，尤其是雅典同胞⑩，我都会一视同仁。因为这是神明赋予我的使命，你们也心知肚明。我坚信，迄今为止，我对神明的侍奉，已为这座城邦带来了无可比拟的益处。我终日奔走，唯一的目标便是说服你们，无论年龄大小，都不应将身体与财富置于灵魂的完善之上。因为唯有灵魂的完善才是至高追求。我始终强调，

'美德不会源自财富，相反，财富与世间一切福祉皆由美德而生，于个人与集体皆是如此^①。'若我的言论真的误导了青年，那自然是有害的；但倘若有人声称我宣扬了其他内容，那纯属无稽之谈。"

最后，我要坚定地告诉你们："雅典人啊！无论你们是否听从阿努图斯，无论是否释放我，我都将坚守信念，即便面临千次万次的死亡威胁，也绝不改变！"

雅典人啊！请保持安静！请答应我的请求，无论我接下来讲什么，都不要喧哗，耐心倾听。我相信，听完这些话，你们一定会有所收获。我要讲的内容，可能会让你们忍不住想要反驳，但请务必克制住冲动！你们要明白，如果你们执意处死我，而我真如自己所言，那么你们对我的伤害，远不及对你们自身的伤害。

莫勒图斯和阿努图斯无法真正伤害到我，他们没有这个能力。因为我坚信，善良之人被邪恶之徒所害，这违背天理！诚然，恶人或许能让好人陷入死亡、流放或被剥夺公民权的境地，在他们和一些人眼中，这似乎是极其可怕的灾难，但我并不这么认为。在我看来，像他们现在企图不公正地处死一个人，才是真正不可饶恕的恶行⑫。

雅典人啊！我这番申辩，并非像有些人想象的那样，仅仅是为了保全自己，更多是为了你们。我担心你们一旦判我有罪，就会错失神明对这座城邦的恩赐。倘若你们处死我，恐怕很难再找到像我这样的人了。说得夸张些，我就像是神明赐予城邦的礼物。这座城邦犹如一匹高大而尊贵的骏马，正因身形庞大，难免有些慵懒倦怠，需要一只"马虻"来唤醒它。而我，就是那只受神之命的"马虻"，整日穿梭于你们之间，唤醒你们、劝诫你们、批评你们，孜孜不倦地履行使命，让你们保持清醒⑬。

雅典人啊！今后恐怕很难再有人像我这样对待你们了。若你们相信这一点，恳请赦免我。不过，我也明白，你们或许会心生恼怒，就像沉睡中被突然唤醒的人，甚至想将我驱逐。要是你们轻信阿努图斯的谗言⑭，处死我不过是举手之劳。可一旦如此，你们便可以高枕无忧、安于现状了，除非神明出于眷顾，再次派遣他人来警醒你们。

我自认为是神明赐予雅典的礼物，这一点从许多方面都能得到印证。试问，有谁会像我这样，多年来全然不顾个人私事，甚至忽视家庭责任，一门心思只为你们？我私下里拜访每一个人，像父亲、兄长般苦口婆心地劝你们修养德行。若我从中谋取利益，在劝诫时收取报酬，那倒还说得过去。可如今，尽管那些控告我的人厚颜无耻地编造各种罪名，却始终无法拿出任何证据，证明我曾索取或收受报酬。然而我清贫的生活，便是最有力的证据，足以证明我的清白。

或许有人会觉得奇怪：我平日里四处奔走，私下给大家提建议，爱管"闲事"，却从不敢登上公民大会的讲台，在众人面前为城邦出谋划策⑮。其实原因我已多次提及，有某种神性与魔性交织的东西伴随我左右，这也成了莫勒图斯在诉状里嘲讽我的把柄。从我幼年起，就总有一个声音在我耳畔响起，每当我打算做某件事，它就会劝阻我，却从不催促我行动⑯。正是这个声音阻止我涉足政治，现在想来，它的阻拦实在明智。

雅典人啊！事实就是如此：倘若我早年就投身政治，恐怕早已性命不保，而且这对你们、对我都没有任何好处⑰。希望大家不要因为我这番实话而恼怒。要知道，无论何人，若想依法阻止城邦内的诸多不义与不法之事，公然与你们或其他民众作对，都难以保全性命。相反，若真心想要为正义而战，哪怕只求多活些时日，也只能作为普通公民在私下行动，绝不能以公众人物的身份公开抗争。

口说无凭，我将以实际行动作为有力证据，毕竟这才是你们真正看重的。接下来，我会讲述自己的亲身经历，让你们看看，我绝不会因畏惧死亡，就违背正义向他人屈服，即便面临生死攸关的险境，也会坚守原则。我要说的这些过往，虽像是法庭上常见的陈词，但每一件都是真实发生过的事情[18]。

雅典人啊！我虽然从未在城邦中担任过其他公职，但以公民大会议员的身份履行过职责[19]。当时，我所属的安提俄克斯部族正好轮值担任主席团，你们通过决议，要对十位将军进行审判，原因是他们未能带回海战中阵亡士兵的遗体[20]。后来你们也意识到，这一审判是不合法的。在众多主席团成员中，只有我一人坚决反对这种非法行为[21]，并投下了反对票。那些政客们扬言要严惩我，甚至准备将我押走，而你们也在一旁煽风点火。但我清楚，为了捍卫法律和正义，即便面临再大的风险，我也在所不惜。当你们参与不义之事时，我从未因害怕牢狱之灾或死亡，而与你们同流合污。

此事发生在雅典民主制时期。后来，寡头制政权建立，三十僭主将我和另外四人召至圆厅，下令让我们去萨拉米斯逮捕勒翁㉒，意图将其处死。他们还对许多人下达了类似命令，目的就是想让更多人背负罪名。然而我再一次用行动表明态度：或许这样说有些直白，但我确实从未畏惧过死亡，我唯一在意的，是不做任何不义或不敬神的事情。尽管当时的政权强大而残暴，却无法迫使我做出违背正义的行为。我们离开圆顶厅后，其余四人前往萨拉米斯执行命令，而我径直回家。如果不是这个政权很快就倒台了，我很可能会因此被处死。这些事情，有很多人可以为我作证㉓。

雅典人啊！不妨试想一下，倘若我多年来一直参与政治活动，始终坚守正义，以匡扶正道为己任，将此视为人生最崇高的价值追求，我还能活到今天吗？绝不可能！换作任何人，若如此行事，也难以在城邦中保全性命。

回顾我的一生，无论是处理公共事务，还是面对私人生活，只要有所参与，我始终如一。我从未向任何违背正义之人妥协，无论是面对其他人，还是那些诽谤者口中所谓的"我的学生"。事实上，我从未以老师自居。但只要有人愿意倾听我分享见解、履行使命，无论长幼，我都来者不拒[24]。与人交谈时，我既不收取钱财，也不会因对方无法付费就闭口不言。无论贫穷富贵，我都一视同仁，任由他们向我提问，并坦诚回应。倘若有人愿意倾听，我也希望对方坦诚回应。至于这些人中，是否有人因此受益，从道义上讲，我无须为此负责。因为我从未向任何人承诺传授特定学问，也从未以教师身份自居。如果有人声称从我的教导中获益，或是私下听闻了独家内容，我可以明确告诉大家，这些话纯属无稽之谈[25]。

雅典人啊！接下来我要说说，为什么总有人愿意花大量的时间与我相处？我已经向你们毫无保留地说出了真相：他们热衷于听那些自以为聪明实则不然的人接受审视，这确实是件饶有趣味的事。而且，正如我之前所言，这是神赋予我的使命，通过神谕、梦境，以及其他一切神明指示凡人做事的方式传达给我[26]。

雅典人啊！这些都是千真万确的事实，查证起来也并不困难。倘若我真的误导了部分青年，甚至已经对他们造成了不良影响，那么当这些青年长大成人，理应意识到我曾在他们年少时给出过错误的建议。在这种情况下，他们此刻就该站出来指控我、找我算账。即便他们自己不愿出面㉗，他们的亲属，比如父亲、兄弟或其他亲人，要是真认为我曾伤害过他们的家人，也定会记起这些事并展开报复。

事实上，今天在场的就有许多这样的人。我先看到克力同，他与我年龄相仿，又是同乡，也是克力托布罗斯的父亲㉘；还有斯斐托斯的吕萨尼阿斯，他是埃斯基涅斯的父亲㉙；克菲西欧的安提丰，是埃匹格涅斯的父亲㉚。此外，还有一些人的兄弟也常与我往来，像忒俄佐提得斯的儿子尼克斯特拉托斯，他哥哥忒俄多托斯已经离世㉛，无法阻拦他；帕拉鲁斯，德谟多克斯的儿子㉜，他的哥哥是忒阿格斯㉝；阿德曼托斯㉞，阿里斯通的儿子，他的弟弟是柏拉图；还有埃安托多罗斯，他的弟弟是阿波罗多罗斯㉟。

我还能说出更多人的名字，其中不少人本该成为莫勒图斯在陈词中列举的证人。要是他当时忘了，现在也可以提出来，我愿意给他时间，让他说说，看是否真有这样的证人。但事实恰恰相反，诸位，他们全都站出来支持我这个被莫勒图斯和阿努图斯称作"毒害他们亲属、行恶之人"。那些被我"败坏"的人帮我，或许还能勉强解释㊱，但这些未受影响的长辈、亲属，又有什么理由支持我呢？答案只有一个，那就是出于正义，他们深知莫勒图斯在说谎，而我说的才是实话。

【注解】

① 在当代读者眼中，苏格拉底所秉持的理想主义或许显得有些不切实际。然而，多数人往往难以理解，为何这种理想主义在当时会被视作应当羞愧的存在。对于古希腊人而言，德行的核心内涵体现在精准的判断力、清醒的头脑，以及行事时的自我克制，这些特质共同指引人们走向中庸之道。

② 将"半神"一词用于称呼荷马史诗中的英雄，这一表述准确无误。文中不直呼"阿喀琉斯"，而是以"忒提斯之子"相称，如此措辞旨在着重强调阿喀琉斯的半神属性。由于其母亲忒提

斯具有神的身份，这使得阿喀琉斯在众多史诗英雄中拥有更高的地位。在希腊散文的表达习惯里，通过提及某人父母来指代此人颇为常见，但通常采用父名，像这样以母名代称的情况并不多见。

③ 苏格拉底对诉状的驳斥只是一个过渡环节。实际上，他对两项罪名的核心反驳，巧妙地融入后续讨论的话题之中。当前探讨的内容，才真正展现了他对虔敬的深刻见解，是对先前有关虔敬与教育论述的进一步拓展与升华。

④ 这部分是《申辩》的精髓，既传递了苏格拉底想对同胞倾诉的关键内容，也描绘其日常对话模式，文本自此正面阐述其使命。雅典军事长官由选举而非抽签产生，苏格拉底面对拥有选举军官权力的雅典市民，以"你们"称呼，将人世间长官与神明对比，且此处内容与他日后受的精灵指示无关，因精灵指示通常仅具有否定与警示性质。

⑤ 公元前432年，37岁的苏格拉底参加波提狄亚战役，阿尔喀比亚德在《会饮》中描述其坚守岗位24小时并救下自己，此战中苏格拉底军功卓越，是理解其为人的关键。关于安

斐波利斯战役，史料记载模糊。一种推测认为，其可能指公元前422年的著名战役，不过以苏格拉底47岁的年龄，常理较难参与如此长途远征；另一种可能性是，其指公元前437年至公元前436年安斐波利斯建造期间的战斗，当时苏格拉底年仅32岁。德利昂战役因发生于阿波罗神殿附近得名，雅典在此战中败于忒拜，阿尔喀比亚德记载苏格拉底撤退时沉着勇敢，表现优于将军拉克斯，《拉克斯》中拉克斯也认可苏格拉底的卓越。三场战役均有指挥将领牺牲，若苏格拉底将神赋予的使命与战役类比，是否意味着认为神会消亡？按此推测，文中安斐波利斯战役或指公元前422年的战役。

⑥ 苏格拉底谈论德尔斐神谕的背后另有深意。他虽常提及审视他人，却也强调自我省察是哲学生涯的重要部分。此论述体现两个关键要点：一是哲学不仅是对客观真理的探寻，还包含个人道德实践；二是苏格拉底认为唯有先深刻审视自身，才有资格审视他人。

⑦ 阿努图斯希望苏格拉底在审判前离开雅典，否则只有死刑。但按雅典法律程序，苏格拉底此时无法离开，即便被判无

罪仍有后续流程。苏格拉底深谙此道，其表态是论说策略，旨在借讨论引导人们思考法律、正义及哲学理念等深层问题。文中第二次提及"哲学"，定义为"现有的探索"，本质指德尔斐神谕赋予的使命。值得注意的是，苏格拉底阐释"无知之知"时从未用"哲学"一词，这或许暗示他仅从积极正面角度阐述使命时，才将其称为"哲学"。

⑧ 苏格拉底宣称应优先遵循神谕而非法律，这看似与《克力同》的守法观点相悖。但深入分析可知，这种矛盾只是表象《克力同》中对法律的阐述并非要求服从所有法令，不包括不合理、不正当的法令。此外，这是"哲学"一词第三次出现，此处将哲学阐释为：通过向所遇之人传递惯常话语，以实现激励众人的目的。

⑨ 公元前399年，以往形容雅典的表述已不合时宜，但成长于伯里克利时代的苏格拉底，仍惯用那个时期的措辞。他称雅典为最具智慧与力量的城邦，实则强调其艺术成就与帝国影响力。苏格拉底率先提出灵魂主宰知识与无知、善与恶，将"关注灵魂"视为人类根本责任，这成为其哲学核心。与他关系密

切的伊索克拉底也持此观点，鉴于柏拉图比伊索克拉底年轻，伊索克拉底的思想不太可能受柏拉图影响。

⑩ 此处首次明确苏格拉底的教育并非仅限年轻人，虽被指控败坏青年，但其学说适用于各年龄段。讨论该罪名前，他特意提及年长者以强调教育理念的普适性。苏格拉底与四处讲学的智者不同，尤为关注雅典民众，其哲学扎根本土、具有"民族特性"，而非普世理论。他对雅典人的特殊关怀，与伯里克利限制外邦人权益的法律相呼应。文中表述常用于近亲关系场景，后续论述中，苏格拉底将自己与雅典青年的关系比作父兄，《克力同》中"法律"将祖国喻为父母、同胞如兄弟的理念也可印证这一点。

⑪ 将此处与伊索克拉底观点比照可见：二者虽均强调关注灵魂，但出发点迥异，伊索克拉底曾批判柏拉图。核心差异在于价值取向：伊索克拉底视财富积累、荣誉获取、地位攀升及生活安稳为人生至高价值，苏格拉底则完全否定这类世俗价值。苏格拉底虽常一对一交谈，却更关注集体福祉，认为德行非谋取金钱等利益的工具，金钱等物质本身无绝对好坏，唯有依托

德行才能具有积极价值，缺失德行则财富、荣誉等皆非"好"。

⑫ 苏格拉底在此郑重提出核心观点：对人真正的伤害是使其道德败坏，损害灵魂才是实质性伤害。文中提到死亡、流放、剥夺公民权三类主要刑罚，他讨论自身可能面临的惩处时未提"没收财产"，实因生活清贫无可供充公的财物。在这部分论述中，苏格拉底阐述其认知的虔诚三大本质特征，即始终严肃履行德尔斐神谕使命；神圣职责贯穿整个人生而非局限于特定宗教仪轨；对神意绝对信任，坚信诉讼中自身不会受真正伤害。

⑬ 在雅典司法语境中，苏格拉底的言论极为特殊：原告常以维护城邦利益为由起诉，被告若作此表述则被视为荒诞，而他刻意反其道而行之。论述的荒诞性不在于以马喻城邦，而在于他自比毫无价值的"马蝇"。他强调自身对城邦的关键作用，看似与谦逊姿态相悖。为避免自我吹嘘，柏拉图既借其口强调这是神赋使命，又以"马蝇"诙谐比喻增添反讽色彩。这一意象成为柏拉图作品中最具代表性的经典比喻之一。

⑭ 此处，原比喻有了新演绎：不再是飞虫纠缠马匹，而是飞虫不断侵扰昏昏欲睡之人，被扰者不仅想驱赶，甚至欲将飞

虫置于死地。在苏格拉底的描述中，阿努图斯颇具影响力，其权威不仅左右莫勒图斯，而且在众多陪审团成员心中举足轻重。

⑮ 这是苏格拉底需回应的第二类批评，有人指责他私事缠身却在政治领域无所作为，伯里克利在演讲中也曾批判这类人。修昔底德《葬礼演说》记载，雅典民主制度下的行事准则是：私人生活互不干涉、彼此包容，公共事务则主动担当责任、敢于相互监督指正，这一理念可能受普罗塔戈拉思想启发。苏格拉底远离政治核心，并非无法在政治舞台坚守原则，而是源于对自身使命的认知，他认为自己肩负道德教化与个体引导重任，修正具体政策远不及提升每个人的道德修养重要。

⑯ 苏格拉底辩护时提到兼具神性与魔性的精灵声音，他认为这并非原告指控的诱因，也不能证明自己不敬神或莫勒图斯等人以"引进新神"为由控告他。游叙弗伦推测因他常谈此声音才遭指控，实则苏格拉底只是开玩笑，却被众人当真。不过，这声音确实是他被指控不敬神的重要原因之一。该声音有两个关键特性：仅起劝阻作用，不推动行动；关注事件结果，不评判行为对错。

⑰ 从这里可以看出，苏格拉底在审视雅典民众的过程中，不仅让众人有所获益，而且自己也从中受益。那个神秘声音在制止苏格拉底行动时，从不说明缘由，他只能自行揣测背后原因。苏格拉底对此的解读是，倘若涉足政务，他恐怕早已被城邦处决，进而无法履行神明赋予的使命。然而，无论是潜在的死亡威胁，还是其他风险，都无法动摇苏格拉底执行德尔斐神谕所下达积极指令的决心。值得注意的是，这项积极指令与那神秘声音并无关联。

⑱ 苏格拉底列举两项事实证明自己处理政务时将个人安危置之度外，且未提及神秘的精灵声音，完全凭借自身思考判断何为合法与正义。他表示，自己的言辞虽乍看与吕西亚等人替人撰写的辩护词相似，但绝非浮夸吹嘘，而是句句属实。

⑲ 苏格拉底自述仅担任过议员这一职务，这并不等同于他仅任职过一次。亚里士多德在《政治学》中曾提及，公民有资格两次出任议员之职。从现有线索推断，苏格拉底此番任职极有可能是其第二次担任议员。此外，苏格拉底的议员经历与他"不从政"的理念并不相悖。在当时的社会认知里，担任议员如同

服兵役，均属于公民应尽的义务，并不在"从政"的范畴之内。

⑳色诺芬《希腊史》记载，公元前406年雅典与斯巴达海战获胜后，因风暴致战船及将士滞留，雅典公民大会两次召开欲对十位将军中的六人集体判处死刑。苏格拉底反对这种违反法律程序的集体审判，主张分别审理，但未改变结果。事实上，当时一人已离世、两人未返雅典、一人未被起诉，实际受审并被处死的仅六人，具体数字因记载差异难以确考，但关键在于审判方式是否为集体裁决。古希腊人相信死者灵魂与尸体同安墓穴，故需以土掩埋确保灵魂在地下世界安息，无坟墓则灵魂将漂泊无依。

㉑依据色诺芬的记载，在当时的反对者中，苏格拉底并非独自一人。然而，只有他始终坚守立场，未曾动摇妥协。正因如此，苏格拉底后来的相关表述并非空穴来风，而是有着坚实的事实依据。

㉒伯罗奔尼撒战争结束后，斯巴达在雅典扶持三十僭主政权。初期政权仅处决不受待见的政要，后暴行升级，大肆诛杀民主拥护者、富裕公民和外邦人，迫使大量民主同情者流亡。

公元前 403 年，政权维持八个月后被流亡者推翻，残余寡头势力至公元前 401 年才被剿灭，此时距苏格拉底受审仅两年。因苏格拉底非民主派，故留守雅典未逃离。雅典民主时期，五十名主席议员常在圆形建筑圆厅集会、献祭与用餐，三十僭主掌权后将其作为核心政府建筑。正直的勒翁被处决是三十僭主的典型罪行，引发民众强烈愤慨。尽管柏拉图与僭主集团成员有近亲关系，但仍因此事件意识到此时不应涉足政务。因其他文献未详述勒翁事件，其具体细节难考，有记载称他是雅典公民、与民主派关系密切，是否为萨拉米斯人存疑，推测其可能逃往或流放至萨拉米斯。

㉓苏格拉底论及对死亡的无畏时言辞高傲，既含对陪审团的态度，也有对畏惧死亡者的轻视，类似《会饮》中其在严寒中对怕冷战友的不屑。关于莫勒图斯，虽曾有人质疑控告苏格拉底的莫勒图斯与参与逮捕勒翁者是否为同一人，但近年研究多倾向认为二者非同一人，《游叙弗伦》中苏格拉底称不认识莫勒图斯，且公元前 399 年另一不敬案中的莫勒图斯极有可能是逮捕勒翁者，这暗示起诉苏格拉底与安多齐德的莫勒图斯或

为不同个体。苏格拉底清楚自己受审主因是阿努图斯怀疑他对民主制有异心，故以三十僭主时期相关事例为有力辩护素材。柏拉图让苏格拉底选取民主制与三十僭主时期两个代表性例子，以消除其刻意反对民主制的误解，实则苏格拉底反对的并非特定政治制度，而是所有政治体系中普遍存在的不义现象。

㉔ 苏格拉底受审时需回应民主派关于其"影响阿尔喀比亚德、克里提阿斯等敌对人物"的质疑。阿尔喀比亚德曾追随苏格拉底，后因赫尔墨斯神像损毁案叛逃斯巴达并多次倒戈，最终遭放逐；克里提阿斯与卡尔米德作为苏格拉底的接触者，前者是三十僭主核心人物，后者在僭主时期亦有角色，二人皆为柏拉图亲戚并死于与民主派冲突。控告者或认为苏格拉底"败坏青年"，但公元前403年民主制重建的特赦令已免究此前罪行，且该罪名在苏格拉底死后提出，证据不足。苏格拉底委婉表示，三人并非其学生，自己从未以师长自居，不应为他们的行为负责。他否认"老师"身份，认为智慧无法直接传授，需依靠个人灵魂觉醒，自己仅通过激励引导启发他人自主探寻智慧，而非替代他人担责。"无论长幼"的表述与雅典人"仅年轻人需教导"

的观念相悖，印证其非传统教师。《会饮》中阿尔喀比亚德主动交谈后未与苏格拉底建立师徒关系，克里提阿斯亦然，进一步说明苏格拉底未以导师身份介入他人人生。其践行的神赋使命聚焦个体精神成长，非传统公共事务范畴。

㉕ 苏格拉底坚称，自己绝不会向特定的特权学生私下传授隐秘学说。他所营造的交流圈子极具开放性，与毕达哥拉斯学派大相径庭，更不存在组建政治阴谋团体的情况。在教育相关议题上，苏格拉底于《申辩》中着重澄清了两个关键问题：其一，他从未以教育为名收取费用；其二，他并不存在一套仅对少数人传授的特殊教诲体系。

㉖ 在此，苏格拉底明确指出，他热衷于审视他人的动机与年青一代截然不同。他的行为源于神谕的指引，而年轻人这么做则是因为从中获得愉悦。至于梦境观念，这显然受到俄尔普斯传统的影响。俄尔普斯主义秉持这样的观点：唯有当身体处于沉睡状态时，灵魂才会活跃起来。

㉗ 其中的逻辑在于，倘若他们主动站出来指责苏格拉底，就相当于默认自己年轻时受其不良影响，曾有过不当行为。出

于这种心理，他们或许会因羞愧而不愿采取这样的举动。

㉘克力同作为一名才能普通的富裕人士，因与苏格拉底同属一个部落而结为好友。在《欧蒂德谟》中，克力同曾就如何教导儿子克力托布罗斯向苏格拉底求教。凭借这份与苏格拉底的交集和了解，克力同最有资格评判苏格拉底对克力托布罗斯产生的影响。据说，克力托布罗斯生性愚钝，沉溺于观看喜剧，且身边并无真心相待的朋友。

㉙埃斯基涅斯撰写过多篇《苏格拉底之言》，其中不少篇章流传至今。据说他对苏格拉底的言论进行了忠实记录。在他所著的《阿尔喀比亚德》中，塑造的苏格拉底形象更契合柏拉图笔下的描绘，而非色诺芬所呈现的样子。

㉚色诺芬的《回忆苏格拉底》里记载了埃匹格涅斯的事迹。由于埃匹格涅斯体弱多病，苏格拉底曾劝导他注重身体锻炼。

㉛这三人的相关记述具有特殊价值。忒俄佐提得斯在雅典民主制复兴进程中发挥了关键作用，因而在雅典民主派群体中备受尊崇。值得注意的是，《申辩》中的相关内容是目前唯一提及他儿子身处苏格拉底社交圈子的记载。这位在民主阵营极

具影响力的人物，不仅默许一个儿子与苏格拉底往来，其另一个儿子还在法庭上公开支持苏格拉底，这样的情形蕴含着不可忽视的深意。

㉜德谟多克斯的年龄长于苏格拉底，在雅典从政期间，他曾先后担任诸多重要职务。

㉝在《忒阿格斯》的记述中，德谟多克斯曾恳请苏格拉底教导自己的儿子忒阿格斯，然而苏格拉底并未应允收其为徒。此外，根据《理想国》中的相关内容，苏格拉底提到过忒阿格斯身体状况欠佳。

㉞这位正是在《理想国》中与苏格拉底展开对话的阿德曼托斯。当时，他尚是青春年少，如今却已成为众人倚重的长辈。由此可见，《理想国》里那场对话发生的时间相当久远。书中显示，阿德曼托斯与波利马霍斯交情深厚，可惜波利马霍斯惨死于三十僭主之手；而阿德曼托斯本人，则是民主制度的坚定拥护者。

㉟据色诺芬在《申辩》中所述，阿波罗多罗斯对苏格拉底怀有深切的仰慕之情，不过除此之外并无特别出众之处。阿波

罗多罗斯不仅是《会饮》的故事讲述者，还在《斐多》中有过登场。值得着重关注的是，在苏格拉底提及的那些作为父兄的人物里，部分人与民主派关系极为密切，其中包括忒阿格斯的父亲德谟多克斯，以及柏拉图的兄长阿德曼托斯。这些事实有力地表明，苏格拉底并未主动置身于民主派的对立阵营之中。

㊱之所以会出现这样的情况，是因为一旦苏格拉底被判处刑罚，那些青年很可能会受到波及。毕竟，外界传言称他们受到了苏格拉底的不良影响与教唆。

【点评】

在完成对莫勒图斯指控的有力驳斥后，苏格拉底正式开启了实质性的申辩。从形式上看，这段申辩似乎偏离了法庭辩论的常规轨道，更像是一段"题外话"，但实际上，它才是整篇讲辞的核心与灵魂所在。

在真实的法庭场景中，苏格拉底几乎不可能以这样的方式进行陈述。不过，当时确实有部分陪审员能够理解苏格拉底的思想与理念。我们如今读到的内容，本质上是柏拉图基于自身视角，对那些指控给出的最深刻回应。为增强申辩的感染力，苏格拉底在开篇巧妙引入荷马笔下阿喀琉斯的典故，瞬间提升了演讲的格调，使其具备史诗般的庄严感，与此前驳斥莫勒图斯时严谨的论辩风格形成鲜明对比。

苏格拉底在总结完辩护核心内容后，开始探讨与之相关的其他议题。他首先坦言自己面临成为大众怨恨牺牲品的风险，却依然坚持好人应将德行与正义置于生命之上。以质朴的语言宣扬坚守职责、正直无畏的价值观，并用自身经历印证这一原则的指引，随后解释了远离公共事务的缘由，还对莫勒图斯指控他败坏青年一事再次回应，对所谓受害者及其亲属未出庭支持表示惊讶。

苏格拉底认为，即便被判有罪也是大众偏见所致，真正有责任心的人不应畏惧死亡。他以自己服从军事指挥官命令的经历，类比服从神明命令的必然性，强调即便遭受雅典人的不公对待，也不会动摇献身神明的决心。通过分析阿喀琉斯复仇的故事，将其塑造为荣誉与良知的典范，表明自己愿做神明的士兵，宁可承受逃跑的耻辱也不违背神意。

苏格拉底回忆自己在战场上的经历，曾在波提狄亚、安斐波利斯和德利昂等战役中服役，并有着出色表现。在波提狄亚之战中，他救了学生阿尔喀比亚德一命；德利昂战斗溃败时，他沉着冷静，其坚定的信心令人钦佩；安斐波利斯之战中，他同样展现出英勇无畏的精神。这些经历证明，他在面对凡人指派的任务时，始终坚守岗位、尽职尽责。如果在面对神明指派的使命时退缩，那将是前后矛盾且丢脸的行为。

苏格拉底同时指出，怕死是非理性的，源于对未知的无知假设，死亡对他而言不过是灵肉分离，他坚决不会逃避那些未知的事物，也不会过度担忧那些被认为是"恶"的东西，而应坚守正义，不畏惧可能面临的任何后果。

针对阿努图斯希望他审判前离开雅典的暗示，苏格拉底予以拒绝。他深知，阿努图斯可能更希望他自愿流放，避免正式指控，但他不愿放弃自己的行为和使命。他不承认自己是教师，其教育方式是通过私下接触激发人们对灵魂的关注，而非灌输知识。以"马虻"自比，将雅典比作昏昏欲睡的骏马，表明自己的使命是唤醒城邦，尽管这种方式会招致厌烦，但他仍坚持引导人们关注灵魂，提升德行，而非过度追求物质享受。

苏格拉底解释远离政治主要是因为认为自己的使命具有道德性和私人性，影响个人及提升政治家水平比纠正具体政策更重要，同时提到"神迹"的否定性禁止，推测参与政治会危及使命。他通过讲述在民主制下反对多数人、三十僭主统治时拒绝作恶等经历，展现自己追求真理、政治无党派的立场。

在反驳败坏青年的指控时，他指出指控荒谬，因为所谓受害者及其亲属未出庭作证。苏格拉底强调自己的哲学活动面向所有人，通过引导独立思考追求智慧，而非特定知识传授。他的行为准则对公私生活同等关注，认为真正的财富源于品格，德行从长远来看有益于个人和共同体。

苏格拉底在申辩中展现出坚定信念、无畏勇气和独特智慧，其辩护更像是对哲学、宗教和正义的捍卫。他的言论虽可能引发骚动，但坚持自我，甚至以幽默和反讽回应质疑，揭示哲学与政治的矛盾，向传统政治权威发起挑战，即便面临忌恨和危险也毫不退缩。

结束语

【导读】

苏格拉底并未就此停下阐述的脚步，而是进一步向法官们阐释自己态度坚定、行事刚毅的缘由，清晰地表明自己绝不会像他人那样，试图通过乞求怜悯来换取法官的宽容。在他看来，这种乞怜的方式，其一，与人们长久以来对他的敬重不相匹配，有失尊严；其二，更是违背了法律的精神与原则，是不可取的行为。

在柏拉图的记述中，苏格拉底在法庭辩论时，既遵循辩论的基本模式，又在关键节点另辟蹊径，带来强烈的震撼效果。申辩进入结论部分，这一章节与开场白形成呼应，充分彰显出苏格拉底与普通辩论者的本质区别。

不同于常规辩论者以谄媚讨好法官来获取政治优势，苏格拉底在结论中依旧执着于追求事实真相。他甚至刻意揭开法官们的"伤疤"，毫不留情地嘲讽他们在其他小型诉讼中摇尾乞怜、狼狈申辩的模样。即便深知这种强硬态度会引发众人反感，导致不利于自己的投票结果，但他仍选择故意刺激众人。

从形式上看，这段结论未按传统申辩程序总结前文观点，但恰恰是这种独特的表达，最清晰地凝练出整篇申辩辞的核心要义，即始终坚持真理。自始至终，苏格拉底都是在为哲学的尊严与价值而辩，面对手握他生死大权的法官，他如波提狄亚战场上的战士般坚不可摧，将真理与德行奉为唯一的评判准则，甚至把申辩的结尾化作启迪众人的课堂。

在这最后的陈述中，苏格拉底再次扭转局面，以一种近乎"教训"的口吻，与那些既反感他的固执，又曾在申辩中卑躬屈膝的雅典人展开对话。他明确表示，自己不乞求宽恕，并非因为没有妻儿为其求情。他引用荷马诗句，表明自己也是血肉之躯，育有三个儿子，完全可以让他们在法庭上恳请怜悯。然而，他拒绝这样做，因为在他看来，这种行为与高贵背道而驰。这一表态，与前文多次提及的耻辱和尊严概念相呼应，尤其与他对阿喀琉斯故事中"羞耻感"的解读一脉相承。

苏格拉底对阿喀琉斯复仇故事的哲学化诠释，为其阐述自身哲学使命奠定了基础。有版本显示，他在解读时保留了原文中关于"羞耻"的表述，这并非疏忽，而是有意为之。他将阿喀琉斯复仇动机升华为替正义献身，其中依然蕴含着"羞耻"的深意：对阿喀琉斯而言，若不能捍卫正义，便是最大的耻辱。这与苏格拉底和雅典人对"羞耻"的不同理解形成鲜明对比。

雅典人认为苏格拉底赴死之举可耻，他却视追逐金钱名誉为羞耻。其申辩中对"羞耻"的探讨，指向美好生活的尊严与荣耀而非世俗名誉，结论部分论述是这一思考的延续升华。

法庭上的两种申辩态度折射出不同的人生态度：一类人精明审慎、追求世俗美好生活，认为苏格拉底赴死无价值且应羞愧；苏格拉底以阿喀琉斯为例回应，指出真正的羞耻是未坚守正义，身为雅典公民，该羞愧的是对方而非自己。

在法庭这个特殊场景中，这种观念的冲突达到顶点：一方带着家人涕泪横流地乞求赦免，虽不承认有罪，却不惜放弃尊严以保命，这是典型的政治性申辩；另一方则始终昂首挺胸，宁可承受重罚，也要保全尊严，以哲学的方式捍卫哲学生活，将阿喀琉斯坚守正义的原则贯彻到底。

值得注意的是，那个精明的雅典人或许正是审判苏格拉底的法官之一。苏格拉底不仅在对话中教导他如何成为有德行、有尊严的公民，更要求他以公正的态度履行法官职责。申辩之初，苏格拉底就曾提醒法官们要依法律彰显德行，此刻又再次强调，既然法官们已对神起誓，就应当秉持正义进行裁判，而非随意施舍怜悯。这一提醒，将尊严、虔诚与正义紧密相连，在法庭上坚守正义，实则是公民正义德行的延伸，正如苏格拉底担任议员时的正义之举，与他此刻在法庭上的坚持一脉相承。

然而，一个在申辩时卑躬屈膝的人，又怎能在审判他人时坚守正义？苏格拉底这种"居高临下"的教诲，无疑会激怒本就对他不满的人，将自己推向更为危险的境地。当其他被告都在竭力博取法官同情时，苏格拉底却主动选择了一条看似"绝路"的申辩之路。

苏格拉底以哲学视角将阿喀琉斯的悲剧转化为对正义与德行坚守的喜剧，却仍透出英雄命运的悲凉。在城邦政治面前，他以喜剧智慧守护灵魂德行，以悲剧坚韧支撑荣耀尊严，喜剧赋予其理性睿智，悲剧赋予其直面现实的勇气。申辩尾声，他需借助诗歌为理智增添动人色彩，让哲学申辩更具感染力与说服力。

【原典】

各位雅典人啊！以上便是我所能做出的全部申辩，或许还有些未尽之言。或许有人会心生不满，回想起自己在类似审判中，为求胜诉，不惜声泪俱下，带着孩子在陪审员面前乞怜，还邀来亲友助阵，试图博取同情①。然而，即便身处这攸关生死的险境，我也不会效仿这些做法。

或许有人因此对我心怀怨怼，甚至怒而投下反对票。若真有这样的人，但愿没有，我想对他说："最好的人啊！我也有亲人。正如荷马所言，我非橡树所生，亦非顽石造就，而是血肉之躯，有亲有子。雅典的人们，我育有三子，其中一人已步入青年，另两人尚在幼年②。但我并未带他们前来，恳请你们网开一面。"

我为何不这么做？并非我固执己见，雅典人，也绝非我轻视诸位。至于我是否不惧死亡，暂且按下不表，而是为了维护你我以及城邦的尊严。在我看来，此类行径实在有失体面。我这把年纪，又背负着这样的名声，不论真假，世人皆认为苏格拉底与常人不同。若那些在智慧、勇气③或其他美德上看似出众的人，在审判时做出这般丑态，实在令人不齿。我常目睹有些人，平日里仪表堂堂，一到审判时，便做出荒诞之举，仿佛被处死是天大的灾难，好似只要不被处决就能长命百岁。这些人简直是城邦的耻辱，难免让外邦人觉得，雅典那些因美德出众而被推举为官或荣获其他尊荣的人④，竟与妇人无异。

雅典人啊！稍有声誉之人都不应行此等事，即便有人这么做，你们也绝不能纵容，反而应当更坚决地反对那些用可怜相博取同情、令城邦蒙羞的人，而非沉默之人。

再者，诸位，在我看来，向陪审员乞怜以求脱罪，本就是不义之举，唯有以理服人、据理力争才合乎正义。陪审员在此的职责，不是偏袒某一方，而是依据法律公正裁决。你们曾立下誓言，不会仅凭个人喜好断案，而是要依法裁判。因此，我们不应诱导你们违背誓言，你们自己也不应养成这种习惯⑤，否则双方皆是对神明的不敬。

雅典人啊！我断不会做出那些我认为不光彩、不正义、不虔诚的事⑥。尤其是，以宙斯之名起誓，莫勒图斯指控我不虔诚，而倘若我通过乞怜来迫使你们违背誓言，那岂不是在教唆你们不信神明，如此一来，我为自己申辩的同时，反倒成了自我控告不信神。但事实绝非如此，雅典人啊！我对神明满怀敬畏，而那些控告我的人，恐怕未必有这份虔诚。我将此案托付给你们与神明抉择，相信你们定会以最妥善的方式作出裁决，既于我有益，也对城邦有利。

【注解】

①尽管色诺芬于《回忆苏格拉底》中指出，以乞求怜悯的方式进行法庭申辩属于违法行为，但当我们参考其他雅典法庭辩护词时会发现，这种做法不仅被法律所允许，甚至已然演变

成当地的一种传统习俗。阿里斯托芬在其作品《马蜂》里，就曾对这一现象进行过辛辣的嘲讽。

② 当苏格拉底提及自己的儿子时，以"雅典的人们"相称，这一称呼不仅透露出他内心涌动的情感，还标志着对话对象从虚构的提问者悄然转换为真实在场的听众。在《斐多》中，也有关于苏格拉底三个儿子的记载，其中最小的孩子当时还在赞西佩的怀抱中。据此不难推测，苏格拉底与赞西佩成婚的时间较晚，以至于在他七十多岁高龄时，仍有如此年幼的孩子。关于赞西佩的出身，我们尚未掌握确切信息，但从她的名字进行分析，她很可能来自贵族阶层。值得注意的是，柏拉图从未将赞西佩描述为泼妇，在《斐多》的记述中，她只是个悲泣不止的妇人；而色诺芬在《会饮》里对她稍有负面评价，或许这便是赞西佩被传为泼妇的源头所在。

③ 苏格拉底之所以特意强调这两种德行，是由于在雅典推选公共官员的过程中，这两点向来是备受关注的重要考量因素。

④ 苏格拉底的表述证实，在公元前399年的雅典，确实存在举荐制度。尽管文中未对此进行明确阐述，但从其语境推测，

他提及的举荐很可能主要针对军队指挥官的选举，也可能涵盖公民大会成员的选拔。此外，文中提到的"其他尊荣"，大概率指的是祭司职位。

⑤原告往往会着重强调，一旦法官们被被告的言论所左右，不仅会给普通民众树立不良示范，还会对后续的司法审判产生负面影响。苏格拉底巧妙借用了这一在当时法律论辩中常见的主题，却赋予其截然不同的意义。他并非试图借此打压对手、逃避惩罚，而是希望通过对这一主题的阐释，促使自己与法官们的行为都能契合正义的准则与宗教的规范。

⑥在法庭演说里，将正义与虔诚相提并论，是当时惯用的表达形式。在希腊语中，"虔诚"是描述宗教态度的传统词汇，其内涵大致涵盖两个层面：其一，是神要求人们履行的事务，既包括基于宗教规定的人际关系，并非遵循人定法律所构建的关系，也涉及人对待神应秉持的态度；其二，指的是神许可普通人去做的事情，或是神赐予普通人，而非神职人员的福泽。需要明确的是，"神圣"通常用于形容神职人员，而"虔诚"则专门指代普通人的宗教性表现。

【点评】

在法庭上，利用妻儿的眼泪苦苦哀求以逃避严厉判决，这样的做法并不少见。然而，苏格拉底却拒绝按照习俗，通过诉诸怜悯来恳求法官。他向来不愿在法庭上做出任何违背法律的事，即便稍微妥协就能轻易获得法官的释放，他也宁可守法赴死，也不愿违法偷生。

苏格拉底未向法官求情，反而阐述此类请求有辱尊严、不正义且不虔敬。这并非如不了解雅典法庭机制的现代读者所认为的不合常理。公元前五世纪的雅典"好讼"，司法程序常见，法庭也是政治工具，曾为被告的陪审员也会为免罚努力。苏格拉底明知拒绝求情可能激怒陪审员，但仍坚持自我。

苏格拉底将自己与陪审员的行为对照情境严肃性：尽管法官本可在被告未恳求时无罪释放，但未这样做。苏格拉底强调这场官司更多是理念之讼而非现实之讼，以反讽口吻称陪审员不会因他拒绝求情而有过激反应。

苏格拉底的意思并非要求法官特殊对待那些凭良心做出选

择的人。他提及"我当然也有家人"，引用《奥德赛》中佩涅洛佩对奥德修斯说的"你定然不会出生于岩石或古老的橡树"，借此表明自己并非出身低微。在《奥德赛》的情节里，佩涅洛佩向伪装成乞丐的丈夫追问身世，奥德修斯因自身境遇的落差而悲伤不愿回答，佩涅洛佩则坚持询问。在史诗文体中，这句诗是一种谚语，意在询问对方氏族。

苏格拉底谈到自己三个即将成为孤儿的孩子时，满怀柔情。此前他还称呼某些人为"最优秀的人"，随后便将注意力转向真正的听众，即陪审团成员。整段表述堪称文体上的佳作，既饱含情感，在语言运用和结构安排上精心雕琢，又通过自然的转折和细节，逐步展现出他所处的完整处境。

从《斐多》可知，苏格拉底最小的孩子尚在襁褓之中，由此推测他很晚才迎娶赞西佩，近七十岁时还与她育有一子。"赞西佩"这一名字暗示其贵族出身，长子"朗普洛克莱"之名也印证了这一点。在柏拉图的记载中，没有任何迹象表明赞西佩是泼妇，反而在《斐多》里，她被描绘成对丈夫情深意笃。不过从色诺芬的记述可知，安提斯泰尼不喜欢她，若她出身名门，或许也不太满意苏格拉底，这可能就是她名声不佳的根源。

苏格拉底拒绝向陪审团求情，并非因为他是没有家庭的厌世之人，恰恰体现了他高尚的道德水准。在他的整篇演说中，人类对死亡的恐惧是反复出现的主题。他深知这种恐惧对人类行为的强大影响力，并认为必须予以抵抗。后来在安抚支持者的演讲中，他设想了两种不会让人产生焦虑的死亡方式。然而在当前的演说中，他意识到自己的言论可能过于深入，迫使听众思考道德观以及他面对死亡的勇气，或许会进一步疏远听众，使他们更难接受他的哲学。于是，他淡化自己的个人勇敢，将话题转向雅典的声望等大家更容易理解的内容。

在雅典，"智慧"和"勇敢"是任命公职人员时考量的重要德行。雅典低级行政官员选拔并非仅依赖抽签：据亚里士多德记载，约公元前四世纪，因按区分配最高官员名额时出现提名权售卖现象，官员选拔从按区抽签改为按部族抽签。军事指挥官一直由公民大会直接选举。抽签制度可能于公元前五世纪废除，"四百人"执政时期恢复，在三十巨头倒台后的温和宪政民主阶段仍沿用。莫勒图斯对安多喀德斯自称通过抽签当选九个执政官之一表示惊讶，这暗示当时存在一定的候选资格。

柏拉图笔下，苏格拉底对妇女获得"德行"，尤其是智慧与勇敢的能力评价较低，这在《斐多》两段内容中可见一斑：赞西佩哭喊着与苏格拉底见最后一面，苏格拉底让克力同将其带走；苏格拉底喝毒药时众人痛哭，他却保持冷静并让人送走妇女，认为她们会扰乱氛围，人终了时应肃静。这体现出当时观念中妇女情感丰富、难以抑制恐惧悲痛的特点。在柏拉图著作及当时社会环境下，此类对女性的偏见较为普遍。

"把那种苦情戏搬到这里来"，指被告在法庭以妻儿亲戚哭求的方式博取同情、影响判决。雅典法庭实际认为，此类破坏司法尊严、让城邦蒙羞的行为，比保持体面者更应被判有罪。雅典审判分为定罪和量刑两个阶段，乞求怜悯会使陪审员依同情而非正义断案，苏格拉底明确反对这种行为。

当时原告常称陪审团若被被告说服会树立不良先例，苏格拉底借用此观点却赋予新义：他追求高标准，为确保自身与陪审员行为合乎正义及宗教职责，而非伤害对手或逃避惩罚。他"试图辩护时控告自己"的言论，经柏拉图凝练，尽显悖论色彩。

苏格拉底让陪审团裁决自己的命运，并非像将结果交给掌管天意的神明那样。他清楚陪审团多数成员缺乏对正义的正确认知，此前就曾表示，难以在有限的辩护时间内消除人们根深蒂固的偏见，在后续演说中还会再次提及这一点。但他既然参与了司法程序，就选择遵守相应流程，这也是他在《克力同》中拒绝越狱的原因，正如"雅典法律"所言，若已生效的判决失去效力，城邦将难以为继。

苏格拉底所说的"神明"是掌管天意的至高存在，人们信奉并遵神意生活可得庇佑。因人类难知世界利害，故应信神。此神非万神殿具体神祇，"神"的单数表述，或指德尔斐大神，或指最高神明，苏格拉底常区分最高神与低级神灵。

在表达了虔诚的顺服与信仰后，苏格拉底对辩护的首要部分进行总结，将有罪与否的裁决权交给法官。最终，法官们以微弱多数判定他有罪，接下来面临的问题是该给予他何种处罚。倘若苏格拉底提出以流放代替死刑，很可能会免于一死，但他不仅轻蔑地拒绝认罪，甚至要求以奖赏代替处罚，这引起了法官的强烈反感，最终被判处死刑。

第二场演说

苏格拉底发言结束后，陪审团投票判处其有罪。从司法角度看，他的申辩策略看似有误，即未直奔主题、未采常规做法，甚至因"肆无忌惮"的发言激怒陪审团，但其"申辩"实则是西方思想史上的深刻"教谕"。

定罪后进入"提判案"环节，控辩双方需各提刑罚供陪审团选择。苏格拉底在"反提判"演说中，将"刑罚"视为"奖赏"：他自视为城邦"马虻"，以哲学追问唤醒民众灵魂，不仅无罪反而有功，故提出"在市政大厅免费就餐"这一象征极高荣誉的"惩罚"。此举公然藐视首次有罪判决，直接导致在第二轮投票中被判处死刑。

申 辩

【导读】

【导读】

在理解《苏格拉底的申辩》时，需明晰文本结构与雅典司法程序的关联。"申辩"的前半部分是苏格拉底在首轮投票前对法官的陈词，后半部分则是他被判定有罪后的进一步阐述。当被告被判定有罪后，案件便进入量刑环节，而雅典法律针对不同案件类型，在量刑机制上存在显著差异。

雅典法律将案件分为非提判性与提判性两类：前者法律已明确规定处罚，法官依律裁决；后者赋予法官自由裁量权，需结合案情定罚。研读古代诉讼案例时，准确区分案件类型对理解审判流程与结果至关重要。

苏格拉底案属于提判性案件，其诉讼程序为：控辩双方先陈述，法官首轮投票定罪；若有罪但非死罪且法律未明定处罚，则进入"反提判"环节，由辩方提出处罚方案，法官第二轮投票作出最终判决。苏格拉底被控不虔敬，按常理攻击国家宗教可能被判极刑，历史上也有类似先例，但从《苏格拉底的申辩》《控告提摩克拉底》等文献看，司法实践中不虔敬指控未必导向既定处罚，这为理解其案件特殊性提供了关键线索。

面对雅典法庭的判决，苏格拉底展现出了超乎常人的镇定自若，仿佛将生死置之度外，如同在战场上从容面对敌人一般，平静地注视着逼近的危险。事实上，对于投票结果，他早有预料，倒是有一点让他稍感意外，居然有相当数量的人并不希望判处他刑罚。

原告莫勒图斯提议判处苏格拉底死刑，不过在当时的司法惯例中，这更像是一种策略性的"高价开价"。通常情况下，原告会提出较重的惩罚，被告则相应提出较轻的处罚，而后法官往往会采纳被告的提议，整个审判过程就如同市场交易中的讨价还价，只要双方遵循规则，便能达成相对满意的结果。

苏格拉底不可能不了解这套规则,但他刻意不按常理出牌。这一行为背后的逻辑,与他在正式申辩时一脉相承:在申辩环节,若想赢得官司,只需对法官阿谀奉承即可,但苏格拉底的目的并非胜诉,而是坚守自己的原则;同样,在量刑阶段,他的重心也不是求生,而是秉持对自身品行的认知,为自己寻找一个符合内心标准的结局。他将为哲学生活申辩的理念贯彻始终,也让哲学的崇高价值得以充分彰显。

为了确定一个符合自己一生追求的"量刑",苏格拉底对自己的人生进行了深入回顾与总结。他坦言,自己并未像大多数人那样虚度光阴,而是舍弃了世俗所追逐的一切,深入雅典民众之中,致力于劝导他们关注生命中最为重要的事物。

在此过程中,苏格拉底多次阐释自己"无知之知"的哲学使命与对话实践:第一次,他解读德尔斐神谕后,开始四处省察人们,向那些自以为智慧的人揭示其无知的本质;第二次,在谈及私下教育活动时,他将自己比作"马虻",通过不断刺激,促使雅典人重视德行与灵魂;而这一次,他又将省察智慧、激发德行追求,进一步诠释为对人自身与城邦本质的关怀。尽管三次表述方式各异，但本质上都是在描述同一种哲学活动。

因为在苏格拉底看来，人类无法拥有真正的智慧，唯有让人们认识到自身与神明之间的巨大差距，从而心生对无限美好的向往与敬畏，才是人类所能达到的最高智慧与德行境界。而这，也正是德尔斐神殿那句"认识你自己"的深刻内涵。当人们真正认识到自己的灵魂本质，便能理解政治对于追求美好生活的意义，摆脱政治表面的暴力迷雾，投身于以美好生活为目标的政治实践，这才是"城邦自身"的真谛。

基于这样的自我认知，苏格拉底认为，自己非但没有不敬之举、没有败坏青年，反而为雅典作出了巨大贡献。在他看来，哲学对于法律和城邦而言，毫无愧疚之处，因为没有哲学，雅典人乃至整个雅典城邦都无法真正认识自我。那么，作为哲学化身的他，应该接受怎样的"惩罚"呢？

苏格拉底巧妙利用"惩罚"一词的双重含义，大胆提出：城邦不仅不应给他判刑，反而应给予其极高奖赏，而雅典能给予公民的最高荣耀，便是邀请他到政府大厅用餐。他以看似戏谑的方式强调，自己作为雅典的"穷恩人"，正适合获得这份殊荣。

然而，此前苏格拉底从哲学角度与法官辩论尚在可理解范畴，而他此次提议，无视法庭辩论常识，公然挑战、轻蔑法官，既不合时宜又超出法官权力范围。这一戏剧性提议，让《申辩》的喜剧色彩与悲剧意味同时达到顶峰。看似荒诞，实则与他对自身哲学活动的认知相符，是其认真进行的自我价值评定。

【原典】

雅典人啊！对于你们投票判我有罪的结果，我并未感到愤怒，原因是多方面的。其一，这一结果并未出乎我的意料，反而令我更为惊讶的是双方投票的悬殊程度。原本我以为差距会更大，可如今看来，只要再有三十票倒戈①，我便能无罪获释。

说实在的，依我看，我不仅能洗脱莫勒图斯对我的指控，而且显而易见，如果不是阿努图斯和吕孔一同参与控诉②，莫勒图斯恐怕要缴纳一千德拉克马的罚金，毕竟他未能获得五分之一的支持票③。

无论如何，莫勒图斯主张判处我死刑。那么，雅典人啊！

我该提议何种替代刑罚呢？或者说，我究竟应受何种惩处？我该承受什么，又该付出什么代价④？

回顾我的一生，始终未曾安于现状，也未曾像大多数人那样，将精力投入赚钱、操持家业、担任将军、发表政治演说、谋求官职，或是参与城邦中的朋党与帮派纷争。因为我深知，以我的秉性去追逐这些，既无法让我保全自身，也无法真正有益于你们和我自己。相反，我选择私下与每个人交流，致力于给予你们最珍贵的馈赠。

正如我一直所说的，我竭力劝说你们，不要将个人琐事置于自身成长之前，而应先追求自身的完善与智慧；不要将城邦事务凌驾于城邦本身的发展之上⑤，对待其他事情也应秉持同样的态度。那么，像我这样的人，究竟应得到怎样的对待？

雅典人啊！倘若真要依据我的所作所为来评判我应得的待遇，那必然是优厚的礼遇！毕竟，唯有如此，才与我的付出相称。那么，对于我这样一位虽家境贫寒，却始终致力于劝诫你们，且需要闲暇时间来从事这份事业的恩人而言，何种待遇才称得上是与之匹配的呢？

雅典人啊！对我来说，最恰当的奖赏，莫过于在市政大厅享用公餐。这远比给予那些在奥林匹亚运动会上，凭借赛马、双驾马车或四驾马车竞赛夺冠的人奖励，更为合适。因为那些冠军只是让你们表面上感到荣耀，而我却致力于让你们获得真正的幸福；他们不缺生活所需，而我却时常为生计发愁。所以，如果要依据司法程序来判定我应得的待遇，我就要郑重提议：请判决我在政府大厅用餐⑥。

【注解】

① 假设参与投票的总人数为 500 人，最终的投票结果呈现为 280 票对 220 票。

② 在起诉苏格拉底的三人之中，吕孔不过是附和他人的追随者，真正主导这场诉讼的核心人物是阿努图斯。阿努图斯选择隐于幕后、不亲自出面控告，是因为一旦由他直接对苏格拉底发起诉讼，案件势必会被赋予浓厚的政治意味。从指控内容来看，"不虔敬"的罪名似乎由莫勒图斯提出，而"败坏青年"的指控则很可能出自阿努图斯之手。

③ 苏格拉底进行过这样的计算：在总计 280 张选票中，若三名原告平均分配，每人所得票数约为三分之一，而这个票数低于 500 的五分之一。依据雅典当时的法律，一旦原告获得的票数不足总票数的五分之一，就会被判定犯有诬告罪，需缴纳 1000 德拉克马的罚金。

④ 原告提议判苏格拉底死刑并非真实目的，其期望苏格拉底提出更易被法官接受的刑罚，流放是最符合预期的选择，只要将其驱逐出雅典，诉讼目标即达成。但苏格拉底未领会暗示，提出法官不可能接受的刑罚选项，最终被判死刑。根据法律，其面临的处罚包括监禁、流放、死刑、缴纳罚款或赔偿。

⑤ 这番表述实际上是"关心灵魂"的另一种诠释。在苏格拉底看来，灵魂才是人的本质所在，而身体不过是附属的外在之物，属于"身外所有"。这一观点精准地揭示了苏格拉底政治理论的核心要义。他认为，城邦的财富与荣耀皆为外在表象，唯有正义才是关乎城邦本质的关键所在。这一理念与《理想国》中的思想一脉相承。由此可见，尽管苏格拉底常常在私下与人们探讨美好生活的话题，但其关注的范畴并非局限于私人领域，

同样涵盖了城邦的政治事务。

⑥ 在君主制时代，政府大厅是城市核心，国王在此宴请贵宾，它与圆厅常被混淆。圆厅是议员用餐之处，而政府大厅用餐资格特殊，古典时期，奥林匹亚运动会获胜者、雅典民主制度建立者直系后裔长子，以及大使、当选官员、凯旋将军等偶有机会在此用餐。多数学者认为，柏拉图记述中苏格拉底提出在政府大厅用餐的主张激怒了陪审团，实则他使用虚拟语气表达。苏格拉底虽坚信自身正义，认为应获此待遇，但并未正式提议。因不认罪却需遵循法律程序，量刑时他只能以"罪人"身份提方案。然而依据雅典法律，唯有超6000人参与的公民大会有权决定此类事项，法庭无权应允。

【点评】

苏格拉底完成申辩后，雅典法庭进行投票表决，最终他以微弱差距被判定有罪。事实上，雅典民众深知苏格拉底是一位优秀公民，也曾是英勇的战士。倘若没有阿努图斯的介入，他极有可能被无罪释放。阿努图斯在雅典颇具声望，普通民众很难怀疑，他竟会给苏格拉底扣上莫须有的罪名。

由于此类案件在法律层面未明确规定具体处罚措施，故而需由法庭酌情裁决。不过，法官们并无直接提出判决的权力，只能从原告与被告所提交的两种刑罚方案中作出选择。按照惯常的诉讼逻辑，原告通常会提出较重的刑罚，而被告则会给出相对合理的惩处建议，多数情况下，法庭会采纳被告的提议。

投票结束后，莫勒图斯遵照阿努图斯的授意，提议判处苏格拉底死刑。但实际上，他们内心期望苏格拉底主动提出流放作为替代刑罚。然而，苏格拉底并未如他们所愿行事。

接下来这部分堪称《申辩》中最精彩却也最令人震惊的篇章。苏格拉底并未将法庭基于非客观事实的判决放在心上，且无论何时都不会因怕死而放弃使命。但他的态度并非对他人意见或陪审团判决的不屑，而是始终保持对真理与正义的绝对忠诚。

苏格拉底着重指出，关注自我堪称人类生活的头等大事。他所拒绝的公共活动，其本身未必是坏事，倘若这类活动的追求并非仅仅是为个人履历增光添彩，而是指向灵魂的自然活动，那么仍有其可取之处。然而，公共活动因其公开性，结果难免受到他人缺乏审慎的行为影响。他人的欲望往往不可控，即便具备苏格拉底式的审慎态度，也难以周全自保，当下这场官司便是有力明证。在民主制度的框架下，摆脱这一困境的唯一路径，便是说服同胞将目光投向"自我"，而这恰恰是苏格拉底穷其一生所致力的使命。

值得注意的是，在此部分论述中，苏格拉底并未谈及所谓神圣的使命，而是单纯围绕自己为何不接受惯常的生活方式、转而选择一种截然不同的生活方式，阐述了纯粹的个人缘由。他完全依托自身的逻辑推理展开论述，未再借助神明的力量作为论证支撑。

苏格拉底为劝勉他人关注德行，一生安于贫穷、不事经济，此高尚行为于公民和城邦皆为恩泽，故市政大厅免费用餐这般杰出人物专属的荣耀于他而言是实至名归。他为继续招致指控的事业提出该要求，看似放肆。陪审团无权应允，他亦深知这一点，却似有意让人觉得他在藐视法庭，尽管他根本不在乎虚名。他并非主动索要荣誉，只是想表明自己配得上这般对待。

苏格拉底的这个提议，看起来像是在公然挑衅陪审团。他不仅不认可陪审团判他有罪，还要求城邦供养他，并且给予他足够的自由，让他能够继续从事具有颠覆性的哲学活动，而他恰恰是因为这种活动才被判定有罪的。当然，苏格拉底应该不是故意要激怒陪审团，但他的提议确实不够严肃。苏格拉底既不故作清高，也不疯狂，只是就事论事。

据说，从这一点来看，苏格拉底的伦理观念要比亚里士多德更高尚。亚里士多德心气高傲、自视甚高，只是站在高处俯视那些不完美的人，而苏格拉底则竭尽全力去帮助他们，让他们认识到自己的无知，进而去追求真正的知识。苏格拉底的伦理学建立在神圣而超验的理想之上，旨在让人意识到自己的限度，并将自己的一切奉献给同胞；而亚里士多德的伦理学则是一种人类中心主义的立场，无法达到这样的效果。

阐　述

【导读】

喜剧的魅力在于通过严肃的表达制造出令人意外的效果，而苏格拉底的自我判断与雅典现实政治之间的强烈冲突，正是哲学与政治根本矛盾的生动体现。从哲学价值角度，在政府大厅用餐是对他哲学贡献最恰当的认可；但在现实审判中，这一提议却将他推向了死亡的深渊。

这一情景与阿喀琉斯杀死赫克托尔异曲同工：前者成就荣耀却招致死亡，苏格拉底将哲学誉为雅典最宝贵财富、把哲学家比作最高英雄，这一"加冕"之举也宣告了自己的死刑。

苏格拉底未在戏剧性高潮停留，因深知提议不会被接受，便按雅典法律程序探讨其他处罚方案。历史上其具体提议已难考证，分析认为三十明那罚款可能属实，此前一些提议或为柏拉图虚构。在柏拉图记述中，政府大厅用餐是核心提议，后续提议似为补充，苏格拉底并未因此放弃哲学价值与个人荣耀，而是以不同方式阐述主张。

面对众人惊愕与嘲讽，苏格拉底解释提出在政府大厅用餐，是依自身行事准则为自己选择的恰当归宿。他愿花时间解释但当下无暇，遂开始分析何种惩罚适合自己。

在分析过程中，苏格拉底始终坚守原则。他指出，死刑在所有惩罚中最为特殊，因为没有人能确切知晓死亡究竟是好是坏，而其他惩罚则必定会带来不良后果。比如监禁，意味着要成为奴隶，终生侍奉监狱管理人员，这对于高傲的苏格拉底而言，是无法忍受的屈辱；巨额罚款同样不可取，按照雅典法律，在缴清罚款前犯人需被监禁，对于贫穷的苏格拉底来说，这与监禁并无实质区别。

对于莫勒图斯期望的流放处罚，苏格拉底深入分析后拒绝。这不仅因流放损害尊严，更因他认为自己在雅典都难容身，其他城邦更不会接受。这一态度看似与他称哲学活动未引起雅典青年父兄反感相矛盾，实则因其哲学活动具有强烈政治属性与地域特征：不同于普罗塔戈拉等智者传播普适学说，他的哲学本质是政治实践，能否开展取决于与对话对象的关系，他更愿省察自己关心的人，即便对话可能招恨，且始终对雅典人怀有特殊偏爱。

苏格拉底借假想对话第四次阐述哲学活动，提出经典论断"未经省察的生活不值得过"。这是对其思想最精准的概括，也是《申辩》哲学主题的核心。从"无知之知"检验智慧，到鼓励追求灵魂德行、强调关注自身，最终得出该结论，层层递进。因神人存在巨大差距，唯有认识自身局限才能过上有意义的生活，追求智慧与德行是人之为人的必要条件，失去对自我的省察，生活便失去价值。

基于以上理念，苏格拉底明确表示，离开雅典，他就无法继续自己的哲学活动，而他又不可能放弃哲学使命，因此，他宁愿选择留在雅典赴死，也不愿被流放到其他城邦。这样一来，罚款便成了唯一可接受的处罚方式。在他看来，罚款既不会损害正义之人的尊严，也不会带来实质性伤害。他先是提出一个明那的罚款，在支持者的帮助下，最终将数额定为三十明那。

苏格拉底同意缴纳有弟子资助的三十明那罚款，陪审团却仍判其死刑，引发讨论。一种观点认为他对罚款的高傲态度激怒陪审团，另一种观点指出陪审团意在阻止其在雅典继续哲学活动，后者更具说服力，也印证了哲学与政治不可调和的矛盾导致苏格拉底的悲剧结局。

需强调的是，苏格拉底后续提议并非否定在政府大厅用餐的核心主张。即便三十明那罚款为真、政府大厅用餐或为虚构，前者仍是对后者的有力诠释。他始终坚信自身哲学价值配得上政府大厅用餐的崇高荣耀，无论该提议是否真实提出，均代表其对哲学活动的基本评价。当探讨处罚方案时，他始终坚守哲学的尊严与荣耀，将"未经省察的生活不值得过"的原则贯穿始终。

苏格拉底并非刻意追求为哲学牺牲，在不损害尊严的前提下，他愿意做出一定妥协，但这一次，是政治无法容忍哲学的存在，雅典拒绝与哲学达成和解，苏格拉底提议中蕴含的悲剧意味，最终不幸成为现实。

【原典】

雅典人啊！我这番话，或许在你们听来，就像之前谈及博取同情与乞怜时一样，显得狂妄自大。但事实并非如此。我坚信自己从未蓄意伤害任何人，只是未能说服你们，这主要是因为我们交流①的时间太过短暂。我想，倘若雅典也有像其他城邦那样的法律，规定死刑案件的审判期不是短短一天，而是持续数日，你们一定会被我说服。

可如今，在如此仓促的时间里，想要洗刷掉这么严重的污蔑，实在是难上加难②。既然我问心无愧，从未做过对不起他人的事，那我更不会自毁清白，给自己扣上罪名，主动要求遭受惩处，或是提出任何替代刑罚。我究竟在害怕什么呢？害怕承受莫勒图斯提议的死刑吗？对于死亡，我无从知晓它究竟是福是祸。

难道我要选择一种明知是恶果的刑罚吗？比如监禁？难道我要在狱中沦为那每年新任命的"十一人委员会"官员的奴仆③？或者是罚款，然后在狱中待到还清罚金？可这对我来说，与监禁并无本质区别，况且我根本无力支付罚金。

那么，流放又如何？或许你们会判我流放。但如果我接受，那岂不是说明我贪生怕死、糊涂至极？要知道，连你们，我的同胞们，都无法忍受我的行事风格与言论，觉得它们令人厌烦，急于将我驱逐，又有哪个城邦会接纳我呢？显然不会有。对我这把年纪的人来说，被迫辗转于各个城邦，却又不断被驱逐，这样的生活有何意义？我心里清楚，无论走到哪里，总会有年轻人被我的言论吸引。可一旦我驱赶他们，他们就会说服长辈将我赶走；如果我不驱赶，他们的家人也会为了阻止他们与我接触而这么做④。

或许有人会劝我："苏格拉底，被放逐之后，你若保持沉默、安分度日，不也能继续生活下去吗？"然而，要说服你们中的某些人接受这个观点，恐怕是难上加难。因为，倘若我回应这是违背神意，所以我无法选择沉默度日，你们或许会觉得我在戏谑敷衍，而若我说，每日探讨美德，谈论那些你们曾听我与人交流的话题，审视自我与他人，这才是人生至善，未经审视的⑤生活毫无价值，你们恐怕更不会相信。事实的确如此，诸位，想要让你们理解这些，实在不易。

再者，我从不会认为自己该遭受不公对待。若我家境殷实，定会主动提出缴纳罚款，金额也会在我力所能及的范围内，毕竟这于我并无损害。可现实并非如此，除非罚款金额在我的承受范围之内，且你们也愿意接受。我大概能支付一个明那银币⑥，所以我提议以此作为刑罚。

雅典人啊！柏拉图、克力同、克力托布罗斯和阿波罗多罗斯愿意为我担保，让我缴纳 30 明那的罚款。那我便提出这个金额，他们财力充足，能够为我担保⑦。

【注解】

① 由此可见，苏格拉底并未将自己的申辩视为遵循修辞学规范精心撰写的演说，而是以他一贯习惯的、质朴随性的交谈方式展开陈述。

② 苏格拉底再次强调：致使他被判处刑罚的根源，并非莫勒图斯等人的指控本身，而是由来已久的污蔑与根深蒂固的偏见。

③ 雅典公民直接受监禁处罚的记载极少，通常公民无法按时缴纳罚款时才会面临监禁。梭伦立法时期，监禁已用于惩处某些犯罪行为，起初是针对无力支付罚款者的惩戒手段，后逐渐演变为独立刑罚。结合语境，苏格拉底提及的监禁当指这种独立刑罚形式。在雅典，负责监狱管理与刑罚执行的十一名官员通过抽签产生，身陷囹圄者地位近乎奴隶，为每届当选的"十一人委员会"服务。

④ 许多学者指出，苏格拉底所设想的外邦父兄的态度，与其此前描述的雅典父兄的态度存在冲突。尽管有研究引用《美诺》中美诺的类似观点加以阐释，但这一矛盾仍未得到彻底消解。还有观点坚持认为此处矛盾切实存在，并强调，若要深入理解这一矛盾，关键在于认识到苏格拉底真正的想法是：雅典的民主制度是最为优越的政治体制，也是最有希望接纳其自由教育理念的地方。这种解读颇具启发性，不过笔者对其中一点持有异议，即苏格拉底对雅典的热爱并非源于雅典实行民主制度。

⑤ 苏格拉底的神谕首要目的是帮助雅典同胞，但其意义不止于此，即便流放，他仍背负这一使命。德尔斐神谕真实存在，

法庭却未严肃考量，而苏格拉底本人极为重视基于神谕的主张。他提及"违背神意"时，思考内涵不仅限于德尔斐神谕，这体现其审视对象既包括他人也包括自身，这种观念或源于赫拉克利特。普鲁塔克指出，德尔斐神谕"认识你自己"对苏格拉底意义重大。"未经审视"在语法上既可指对主动"审视"的否定，也可指对被动"被审视"的否定。结合其言论，苏格拉底不仅认为不被审视的生活不值得过，更从主动层面强调缺乏自我审视的生活同样无价值。

⑥部分学者认为，当时有流言称柏拉图等人有能力为苏格拉底支付罚款却故意不为，他们觉得文中相关内容是柏拉图为反驳流言而编造，色诺芬大概持此观点。但苏格拉底的逻辑实际连贯：有注释指出他延续"自己不能承受惩罚"的观点，死亡和罚款未必是坏事，除非罚款巨大导致监禁，而监禁和流放属于惩罚，故他提出罚少量钱与该观点不冲突，色诺芬未察觉这点，其《申辩》刻意与柏拉图唱反调。尽管五个明那作为学费很低，但明那并非低价值货币单位，1明那相当于100德拉克马。亚里士多德和希罗多德记载，战争时期赎回一名俘虏需

1至2明那。据注释，色诺芬《家政学》称苏格拉底全部家产仅五个明那，可见他提出的罚款一明那对自身已是高额，后文提到的三十明那，其严重性对他而言堪比流放。

⑦这一数额相当可观。从吕西亚演讲可知，它适合作为中等家庭姐妹的嫁妆，有注释认为这是苏格拉底在法庭实际提出的数额。在色诺芬《申辩》中，苏格拉底拒绝提出其他惩罚，有观点指出这或许意在反驳柏拉图。色诺芬于公元前401年离开雅典，多年后返回撰写《申辩》依赖他述，其内容常与柏拉图相悖。将柏拉图、色诺芬及第欧根尼·拉尔修的记述对比：色诺芬称苏格拉底因自认无罪拒提量刑；第欧根尼·拉尔修记载其先提罚一个明那，后要求国家供养。相比之下，柏拉图的记述可信度最高，他身处现场，且是为苏格拉底交付罚款的担保人之一，而色诺芬当时远在亚细亚，第欧根尼·拉尔修更在六百年后才进行记述。

【点评】

苏格拉底承认，如果自己被流放到其他地方，新地方那些年轻人的父母肯定会驱赶他。这个说法似乎与他之前的主张相互矛盾。他之前说过，如果自己真的败坏了青年，那些年轻人的父兄就会成群结队地来告发他，而莫勒图斯也会把他们当作证人。苏格拉底之前那样说，显然是因为他认定莫勒图斯没有邀请这些人来作证。

但即便在当时，与苏格拉底交往的那些人的父母并非全部都在法庭，而且也不是所有的父兄都和到庭的人有相同的想法。就像在其他很多地方一样，苏格拉底在这里像是在玩弄观众，拿支持他的人寻开心，同时又在故意激怒那些诽谤他的人，假装把他们当作自己这一方的辩护证人。

在《克力同》中，苏格拉底更为严肃地探讨了流亡的问题。克力同多次劝苏格拉底接受朋友们的帮助，逃离雅典。苏格拉底在回答中设想了"雅典法律"站出来质问他的情景，假如他决定离开雅典的话。"雅典法律"轻蔑地指出，苏格拉底与他们，也就是雅典的法律相伴生活了七十年，在此期间从未反对过它们，但现在当雅典法律做出对他不利的决定时，他却突然想要寻找一个新的城邦。

然而，"雅典法律"说，这比他想象的要困难得多：如果他去某些临近的城邦，比如忒拜或者麦伽拉，而这两个城邦都治理得很好，那么苏格拉底，对于它们的政体而言，他就像是敌人。那些关心自己城邦的人会对他侧目而视，把他视为法律的破坏者，这还会证实法官们的观点，即他们之前对这个案子的判决是正确的，任何破坏法律的人，都很可能被当作败坏年轻人和没有理智之人的罪魁祸首。

　　那么，他是要逃离治理良好的城邦和安分守己的人们吗？如果这样做，他的生命还值得过吗？或者说，他要接近这些安分守己的人，厚着脸皮与他们交谈吗？

　　苏格拉底啊，你会如何看待"雅典法律"的这些说法呢？一个国家的公民是否一定要服从这个国家哪怕是不义的法律呢？苏格拉底是否想生活在一个有着不义法律的共同体中呢？对于苏格拉底来说，流亡的生活会是什么样的呢？他是否有能力融入一个新的社会，或者说他能否安安稳稳地过日子呢？但他曾说过，在雅典他反正无法安静地生活，而是要始终忠于阿波罗。这一点是否足以解释他以挑衅的方式拒绝提出一个能够被接受的反提判呢?

　　苏格拉底显然是一个具有分裂力量的人。他对现行制度秩序提出疑问,批评雅典的民主制度。尽管从表面上看,他在宗教实践方面还算正统,但他不断质疑所有关于知识的主张,还暗中鼓励年轻人效仿他的行为,这些无疑都被视为是在破坏雅典既有的公民宗教的真理性。

　　此外,苏格拉底在法庭上拿年轻人说事,而这些年轻人都在模仿他去盘问自己的长辈,这自然会被很多人看作是在鼓励大不敬,甚至被认为是在败坏青年,这种情况在阿里斯托芬的《云》中也有所体现。从这个角度来说,苏格拉底提议将自己当作奥林匹亚赛会的胜出者,确实会给很多人留下厚颜无耻的印象。所以,投票赞成判处他死刑的人数,甚至超过了投票认定他有罪的人数,这也就不足为奇了。

第三场演说

　　死亡是《申辩》中的最后一个主题。苏格拉底被判死刑后拒绝妥协乞怜，转而探讨死亡的哲学意涵。他提出死亡或是"无知无觉的沉睡"，或是"与先贤对话的冥府之旅"，并宣称无论何种结局均不足为惧：前者是无痛苦的安息，后者则是追求真理的延续。

　　苏格拉底直指城邦因误解与排斥哲学追问而判处其死刑，预言投票者将因不公裁决遭舆论反噬。继而，他安慰支持者，称死亡或为与半神、英雄交流的契机，神灵未阻止其赴死足证此路正当。临终之际，他向反对者提出"托孤"请求，希望他们以哲学省察的态度严厉教导其子，践行对灵魂的关怀。

预　言

关于庭审宣判后的这部分言论，学界始终存在诸多争议。部分学者质疑，其中某场关键演说纯属后人杜撰。他们指出，依据当时的司法流程，在作出有罪判决后，绝无可能再给予被告人面向全体审判人员发表长篇陈词的机会，尤其是那些已投下死刑票的审判者，更不会停留聆听。

然而，这种质疑缺乏坚实的事实支撑。实际上，在司法实践中，从判决宣布到将罪犯移交相关执行机构之间，往往存在一定的缓冲期，更何况本案性质特殊，更不能以常规案件的标准来衡量。

在这里，陪审团再次进行表决，大多数人支持判处苏格拉底死刑，拒绝接受三十明那罚款的提议。至此，一切已成定局，再无回转余地。面对生命的终局，苏格拉底依旧保持着从容镇定，甚至还为雅典人感到惋惜。他预见到，雅典人很快就会因"杀害智者苏格拉底"背负恶名，而这原本是可以避免的，毕竟他们只需耐心等待这位老者自然离世即可。

如同第一次投票后的表现，苏格拉底看似谈笑自若的言语间，实则流露出深深的悲剧色彩。他再度将自身处境比作战场，把自己喻为战死沙场的英雄。不同的是，寻常英雄会得到雅典人的赞颂，而他却只能自我褒奖，因为他的对手，正是他深爱的雅典政治体系。

意识到用战争比喻或许不妥，苏格拉底转而将场景切换为运动会，他与雅典人仿佛都在与死亡和邪恶赛跑。年事已高的苏格拉底很快被死亡追上，但这是因为他选择躲避更为可怕的邪恶；而他的对手们，自认为死亡最为可怖，拼命逃脱死亡威胁，却不慎坠入邪恶的深渊。至于与他对话的那位雅典人，其命运又将如何？苏格拉底并未明言，但从他对投票判他死刑者的预言来看，此人恐怕也会与莫勒图斯等人一同陷入邪恶的泥沼。

这场持续许久的对话，似乎终于到了收尾之时。从一开始，苏格拉底与这位精明的雅典人就各执己见，坚持着自己的生活方式，暗自较着劲儿。如今，他们必须分出胜负，无法再相安无事。雅典人面临两个选择：要么处死执意留在雅典的苏格拉底，要么接受他缴纳三十明那罚款，同时忍受他的省察与教育。尽管这位雅典人对苏格拉底抱有同情，但他不愿为了保全对方，而让自己终日受其"叨扰"，最终还是投下了那决定性的一票。这一票落下，苏格拉底被判死刑，而这位雅典人也不再是那个精明善良的普通人，因为他的双手，已然沾上了哲学家的鲜血。

这场较量看似又变回了战争，毕竟事关生死。尽管苏格拉底仍以嬉笑的态度嘲讽对手，但言辞间已少了几分客气。雅典人和他们的城邦能判处苏格拉底死刑，可真理和智慧却会判定他的控告者"罪恶"与"不义"。给苏格拉底定罪的，只是名义上的"正义者"，即法官，而审判莫勒图斯的，却是"正义"本身。

临终前的苏格拉底仿佛拥有了预言的能力，他警告处死自己的法官们，他们将遭受更为残酷的惩罚。然而，当他道出惩罚的内容时，不禁让人疑惑：这真的是最严厉的惩罚吗？他说，雅典人别以为杀了他，就再没人批评、省察他们的生活；相反，会有更多人继承他的事业。

苏格拉底曾表示，他的哲学使命是神赐予城邦的福泽，他是雅典的恩人，一旦他离世，城邦将难以寻觅到如此珍贵的馈赠。按照这个逻辑，倘若他死后涌现出众多年轻人，以更严苛的方式省察雅典人的生活，这究竟是惩罚，还是恩惠？为雅典奉献却被处死的苏格拉底，似乎早已培养好接班人，让他们在自己死后继续服务于这个判他死刑的城邦。

有注释在探讨苏格拉底这一预言时，重点关注它是如何实现的，但我们更想探究的，是这个预言背后的深意。表面上看，苏格拉底将法官和原告视为恶人，严厉地批判他们。然而谈及这些雅典同胞时，他的语气并非充满敌意，更像是恨铁不成钢地教训孩子：你不学好、不听话，但别以为赶走我就能肆意妄为，还会有更严格的"老师"来管教你。这哪里是惩罚？苏格拉底何曾诅咒过他们？诅咒意在伤害，而促使对方变好，本质上是教育，他在用最激烈的方式延续自己的哲学使命。

或许，这可以看作对他哲学使命的第五次诠释：省察灵魂不仅必要，而且无从逃避，与其抗拒，不如坦然接受。说到底，哲学与城邦之间并非你死我活的矛盾，更像是运动场上的竞技，而非残酷的战争。作为哲学家，苏格拉底始终坚守原则，这不仅体现在绝不向不正义低头，更在于牢记哲学使命的政治意义，即便被雅典判处死刑，他也未曾放弃对雅典人的教育。

【原典】

雅典人啊！用不了多久，那些存心诋毁城邦的人①，就会给你们扣上这样的罪名：是你们处死了苏格拉底，一个智慧之人。即便我并非真正智慧，那些一心指责你们的人，也会如此宣扬。所以，倘若你们愿意稍作等待，这一切自然会有定论。你们瞧，我已年事颇高，生命垂危，离死亡不过一步之遥。这番话，我并非对所有人说，而是专指那些投票判我死刑的人②。

我要对你们说：诸位或许觉得，我是因言辞匮乏才被定罪。若我不惜一切，用各种言语与行为来谋求脱罪，或许就能说服你们。但事实并非如此。我被定罪，并非因为言辞不足，而是我不愿表现得厚颜无耻，不愿对你们说那些取悦于你们的话，比如痛哭流涕、哀声求饶，再做出并说出种种与我身份不符的举动。这些场景，正如我所说，你们早已司空见惯，从其他人那里听得多了。但我认为，身处险境时，自由人不该行此等不当之事。如今，我也从不后悔以这样的方式申辩。我宁愿如此申辩而赴死，也不愿靠卑躬屈膝而苟活。

无论是在法庭上，还是在战场上，任何人都不应不择手段地逃避死亡。因为在战斗中，人们常常能看到，有人通过丢弃武器、向追兵乞怜来保命；在各种险境中，只要甘愿无所不为、无所不言，总能找到逃脱死亡的办法。

然而，诸位，逃避死亡或许不难，但逃避邪恶极为不易，因为邪恶比死亡跑得更快。如今，我因年老体衰、行动迟缓，被较慢的死亡追上；而我的控告者们虽精明敏捷，却被更快的邪恶捕获。我被你们判处死刑，即将离去；而他们，则被真理判定为邪恶与不义之人。我接受这一刑罚，他们也必将承受属于自己的惩罚。或许一切本该如此，我认为他们的下场也是罪有应得[3]。

投票判处我有罪的人们，现在，我要向你们作出预言！人在濒临死亡之际，往往最具预言能力，而我此刻正处于这样的时刻[4]。我告诉你们，在我死后，你们很快就会遭到报应，以宙斯之名起誓，这报应远比你们加诸我的死刑更为残酷。你们之所以做出这样的判决，想必是以为从此就能免受生活的拷问，但结果恰恰相反。将会有更多人来质问你们，此前是我拦住了这些人，而你们却浑然不觉[5]。而且，新来的质问者更加年轻，手段也更为严厉，定会让你们恼羞成怒。倘若你们以为杀人就能堵住批评的声音，就能逃避对自己不当生活的指责，那就大错特错了。这种逃避方式既不可行，也不光彩。真正美好且可行的做法，不是去压制他人，而是努力提升自己，让自己成为更好的人。这便是我对投我反对票之人的预言，就此别过。

【注解】

① 对苏格拉底提及的"用不了多久"，一种解读认为指雅典若暂缓处置可规避外界非议，但其急于行动反留把柄，此解

释未获学界广泛认可。主流观点认为，其指苏格拉底从被判死刑到离世的时间跨度。当时希腊各城邦围绕雅典与斯巴达谁更具高尚德行争论不休，公元前 338 年喀罗尼亚战役前，反对雅典的全希腊势力极可能将苏格拉底之死当作政治工具，批判雅典宣扬的自由是空想。

② 苏格拉底在投票结束后发表言论，其目的并非劝说众人赦免自己。关于"投票判我死刑的人"与"投票判我罪的人"是否为同一群体存在争议：第欧根尼·拉尔修认为存在部分起初未判其有罪、后续支持死刑的人，若此说法成立，投票群体可分为三类。有观点认可其合理性，也有观点予以否定。从苏格拉底言论的语气分析，更倾向于其指同一批投票者，这一推断若成立，是对拉尔修观点的反驳。此外，苏格拉底"我并非对所有人说"的表述，侧面印证在场者均可听到其言论。

③ 在这部分论述中，苏格拉底深入阐明了自己对于善恶的根本见解：唯有致使他人品性堕落才是实质意义上的伤害。尽管他被判处死刑，但始终坚守德行，因而并未承受真正的伤害；反观那些作出死刑判决的人，因这一行为而陷入道德沦丧，实

则遭受了真正的伤害。

④ 色诺芬的《申辩》记载，苏格拉底曾预言阿努图斯之子将会误入歧途，这一预言看似源于他对民主派的个人怨怼。值得注意的是，在《伊利亚特》的情节中，帕特罗克洛斯被赫克托尔击杀之际，以及赫克托尔反遭阿喀琉斯屠戮之时，二人皆作出了预言。根据古希腊神话的观念，人的灵魂在身体正常活动时处于沉睡状态，唯有在梦境或濒临死亡的特殊时刻，才会被唤醒并展现出预知的能力。

⑤ 苏格拉底或许真的曾说过这样的言论，柏拉图在其离世后进行相关记述，从而让苏格拉底的预言得以应验。此外，苏格拉底提及阻止弟子审视众人的内容，这一表述在一定程度上能够作为依据，印证柏拉图的对话录皆创作于苏格拉底去世之后。

【点评】

这是苏格拉底在法官们第二次投票后的发言内容。在这部分演说中，我们依旧能感受到令人钦佩的言论自由、无畏勇气，以及他灵魂深处的沉稳安详。正因如此，西塞罗才会坚信，苏格拉底在讲话时，既不像低声下气的求情者，也不像身陷囹圄的被告，反倒像是那些审判他的法官们的领导者。

起初，苏格拉底向雅典民众表明，他们无须等待太久，便能摆脱处死他所带来的恶名，只需静待自然法则发挥作用即可。"毕竟只需短暂时间，就能避免他们主动招致的谴责。"

"你们当然能够免于承担这样的后果。"在这整段表述中，"跑"与"追"实则暗指法律层面的"辩"与"控"，苏格拉底在此巧妙运用了双关手法。不难理解，在当时，丢弃自己的"防护之物"，会被视作严重违背优秀士兵行为准则的举动。一旦被证实犯有此类过错，当事人将丧失公民权利；而指控他人"丢弃防护之物"，指控者甚至可能因诽谤罪而惹上官司。因此，苏格拉底宣称，无论面临何种危险，自己都不会为保命而临阵脱逃，也不会放弃被赋予的职责，这一表态实则暗示了他具备至高的公民品德。

关于濒临死亡之人能够做出预言这一观点，源于古老的灵魂观念，即"当身体活跃时，灵魂便处于沉睡状态"。但这种观念也揭示出，灵魂在睡眠与死亡状态下具有神圣性。正如色诺芬笔下临终的居鲁士所言，人在沉睡时，灵魂会展现出其最具神性的特质，能够捕捉到转瞬即逝的事物，或许正是因为此时灵魂最接近自由之境。

苏格拉底对自身生活与事业的辩护，以及他强调每个人都应具备在辩论中为自身行为和态度辩护的能力，这使他无疑成为西方文学中忏悔传统的开创者。此后，这一自传体传统受到众多文人的追随。

那些聆听过苏格拉底谈话的年轻人，必然会迫不及待地将从他那里学到的辩论技巧运用于长辈身上。然而在雅典，还有一些更为严谨的人也在践行"苏格拉底式"对话，他们刻意模仿苏格拉底，甚至模仿到赤脚四处行走的程度。当然，其中最为重要的当数柏拉图，他创作的对话录，除了是对苏格拉底的纪念，还时常对雅典及其民众提出批评。"还会有更多的人"，尽管苏格拉底或许说过类似的话，但从根本上讲，这是《苏格拉底传》的叙事安排。柏拉图在苏格拉底去世后，通过对话录让苏格拉底的思想得以重现，人们常引用"只是我迄今一直都在拦着他们"这样的表述来支持一种观点，即柏拉图的所有著作都完成于苏格拉底去世之后，这种观点并非毫无依据，甚至可以说是显而易见的。

决心通过各种方式让自己变得更优秀，这可以被视为对痛苦生活的"慰藉"或"解脱"。在《高尔吉亚》中，苏格拉底曾大量探讨这一主题，他试图让卡利克勒斯相信，毫无节制的僭主是世间最痛苦的人。不过，在此次发言中，苏格拉底并非意在论证这一观点，或许将其理解为一种特殊的表达形式更为恰当，以便他对两个概念进行对比。

苏格拉底最后提出的那笔数额相对较小的罚金，以及他围绕此事发表的一系列言论，都透露出一种随意的态度。也正因如此，色诺芬否认苏格拉底曾提出过更低的赔偿金额。实际上，苏格拉底并非真心想要免除死刑，他想必早已预见到法官们不会接受以罚金替代死刑的提议，毕竟控方在诉状中明确要求判处他死刑。

苏格拉底也清楚，自己那些随意的言辞、带有戏谑意味的反讽，尤其是他坚信自己完全无罪，不仅不应受罚，甚至还应得到奖赏的傲慢态度，必然会引发法官们的反感，至少会招致那些已判定他有罪的人的不满。这些人在控辩双方的提议中进行抉择时，自然会倾向于控方的主张，判处他死刑。

神谕是《申辩》中反复出现的重要主题，苏格拉底始终强调自己选择的生活方式与凯瑞丰求得的神谕密切相关。颇具讽刺意味的是，如今轮到苏格拉底向刚刚投票判处他死刑的人作出预言。色诺芬在其撰写的"苏格拉底的申辩"中，也使用了相关表述，但苏格拉底在其中的预言更为直白。

据拉尔修及其他学者记载，苏格拉底的这一预言最终竟然成真。雅典人性格善变，很快便找到借口，对那几个最为不公、冷酷的控告者进行了严厉报复。莫勒图斯被处以极刑，其他控告者及其追随者，要么被流放，要么选择自我了断。与此同时，雅典人想尽办法纪念苏格拉底，将他视为共和国的功臣。

告　白

【导读】

　　苏格拉底对支持者的讲话并非小圈子的安慰，而是一场特殊的教育。有注释表明，依照苏格拉底的评判标准，那些投票支持他无罪的人，不过是持有正确意见，同样缺乏真正的智慧，与判处他死刑的人相比，在认知层面的差距并不显著。

　　在这次讲话中，苏格拉底并未像往常一样对支持者进行省察，话语中的哲学思辨意味减弱，反而更具诗意。他以神秘的精灵声音作为开场白，通过精灵在审判全程未发出阻止自己的警示，暗示自己行事符合正道，进而推断死亡或许并非坏事。紧接着，他深入分析死亡的两种可能性：一是无知无觉的永恒长眠，二是灵魂前往另一个世界。这两种观点在希腊思想中早有渊源，也基本涵盖了古今人类对死亡的认知范畴。在他看来，无梦的长眠算不得坏事，若能在冥府与先贤古人交流探讨，更是人生一大乐事。

然而，这两种说法均引发诸多争议。从柏拉图的思想体系来看，他或许并不认同"无梦睡眠比清醒更好"，因为这与苏格拉底"唤醒沉睡者"的使命相矛盾；另外，希腊神话中的冥府存在西西弗斯、奥德修斯等人物，以及各种残酷刑罚，就连英雄阿喀琉斯在冥府也难觅快乐，而苏格拉底曾自比阿喀琉斯，如此看来，他在冥府也未必能收获快乐。

此外，苏格拉底在《理想国》中主张删去荷马史诗里不利于城邦的内容，且删改的出发点并非认定其虚假。由此可见，他对死后世界美好图景的描述，究竟是出于内心的真实信仰，还是基于对城邦和民众有益的考量，着实难以定论。

柏拉图对各篇对话中死后世界神话的态度存疑。从《申辩》的结尾看，苏格拉底虽有倾向却未明确肯定任何一种死亡可能：他谈及死后世界时显露出兴奋，却反复用"如果这是真的"表明未将其视为确凿真理。有注释指出，基于《申辩》对"无知之知"的强调，苏格拉底不可能对死后世界的说法过于笃定，这在其他对话中或有不同。

但关键不在于苏格拉底或柏拉图是否相信这些故事。无论信与不信，苏格拉底将其作为值得接受的神话讲述，必然带有哲学或政治意图，而如何理解这一意图才是核心。

在苏格拉底所设想的冥界之旅中，他不会遇见任何神灵，就连冥神哈得斯也不会出现。他提及的都是已逝去的凡人，共分为四组。第一组是法官：米诺斯、拉达曼提斯、埃阿科斯、特里普托勒摩斯；第二组是诗人：俄尔普斯、穆塞欧、赫西俄德、荷马；第三组是与他一样死于冤狱的人：帕拉墨得斯、忒拉蒙的埃阿斯；第四组是机智精明的国王：阿伽门农、奥德修斯、西西弗斯。

这四组人的等级是逐层递减的。第一组的法官们在传说中是最为正义的人，与现实里那些号称正义的人形成了鲜明的对比。第二组的四位诗人是希腊整个神话和宗教体系的奠基者，苏格拉底也曾将自己比作荷马笔下的阿喀琉斯。

即便如此，这四大诗人依旧无法摆脱苏格拉底对诗人的整体评价：他们凭借天才的灵感创作出伟大的诗歌，但未必真正理解自己所写的内容。苏格拉底对阿喀琉斯的诠释，也表明荷马正是这样的诗人。第三组的人与苏格拉底一样，在人间政治中遭受了冤屈。尽管这些人大多是义人，但他们并非苏格拉底那样的哲学家。苏格拉底表示，最奇妙的事是省察这些人，既然要进行省察，那就说明他们当中至少有人并不智慧。

最有意思的当数第四组，其中的三个人都是上古时期的国王，虽被认为极其精明，却因贪婪的名声而不被世人喜爱。苏格拉底说他要省察这些被认为有智慧的人是否真的智慧。可以想象，他会像对待雅典的政治家们那样，告诉这些国王，他们虽被称为人间最有智慧的人，实际上却没有什么智慧。

苏格拉底在谈及雅典政治时，曾因未亲历王制，无法列举第三种制度下的义举范例。如今，他期待前往冥界省察已逝的国王，并视此为极大的幸福。这份幸福并非来自愉快的交谈，也不在于发现对方的智慧，而是源于在冥界能自由地批驳、取笑国王，且无须担忧性命之忧，彻底摆脱了如阿喀琉斯、帕拉墨得斯等人因争执陷入危险的困境。

在苏格拉底构想的冥界中，他所遇到的凡人皆有缺陷，这些人构成的城邦与现实世界相对应，但权力结构截然不同：邪恶的国王处于底层，蒙冤的义人居于中层，诗人位列第二层，而真正的正义者则占据最高位。苏格拉底虽常自比蒙冤义人，却能对国王进行省察，由此可见，他应与正义者同属于城邦法官层级，这一权力结构俨然是"理想国"的缩影。

如同在《理想国》中描绘城邦一样，苏格拉底讲述冥界故事，同样是在思考如何将美好生活的构想转化为政治实践，宛如走出洞穴的哲人，向世人展示理想的图景。柏拉图笔下苏格拉底对死后神话的讲述，本质上正是这种"出洞"思考的体现。然而人们是否相信这些神话，关键在于是否相信有人能够真正走出"洞穴"，实现对理想世界的追求。

苏格拉底以"法官"称呼支持者，巧妙地将他们与冥界的正义法官相联系，借助诗歌与神话，传递"好人无恶报"的坚定信念。在他看来，获取"无知之知"需要依靠哲学，而领会其中的荣耀，则离不开诗歌的助力。

苏格拉底先分别对陪审团中的两拨人进行教育，随后转向全体发表讲话。他通过这种方式暗示，即便那些投票处死他的人也仍在场，使得两拨人都能听到两段至关重要的演说：一段阐述哲学使命的延续，另一段描绘对美好生活的神话构想。事实上，这两拨人之间的界限并非泾渭分明，投票反对判处他死刑的人，未必真正理解"无知之知"，也不一定愿意接受省察；而投票处死他的人，同样有可能因神话内容受到激励，从而反思自身德行。苏格拉底期望所有人都能聆听这两段话语，无论立场如何，都能在面对哲学省察或神话构想时，产生不同却微妙的思考。

尽管被雅典人处死，但苏格拉底始终心系雅典。他将对雅典人的教育划分为哲学省察与诗歌劝勉两部分，这并非出于"因材施教"的考量，而是他坚信，提升德行必须让哲学与诗歌相辅相成。当苏格拉底声称要给判他有罪的人留下遗嘱时，其讲话的口吻实则面向全体雅典人。"他们"一词明确指向那些投票处死他的人，同时也暗暗指责整个雅典是伤害他的"元凶"。

苏格拉底如普通演说者般向全体陪审团告别，主题是托孤，却提出特殊请求：希望雅典人像他烦扰他们那样，去省察、激励、斥责其子，纠正其强不知以为知。但矛盾在于，雅典人正因他的"省察"行为将他处死，且他曾将他人的继续省察视为对雅典人的"惩罚"。此番托孤不禁令人疑惑：他是否希望儿子重蹈覆辙，将来也因"省察"控诉雅典人？

苏格拉底将反讽艺术发挥到极致，在陪审团面前，对支持者与反对者均引导其以省察教育子女，使省察成为"正义之举"，延续"马虻"使命，推动雅典接受哲学教育。他以"我即将奔赴死亡，而你们继续活着。至于我们谁的归宿更为美好，除了神明，无人知晓答案"作别，此句并非诅咒雅典人。

苏格拉底始终秉持"无知之知"，他坦言生死抉择乃人生大事，人只能基于假设判断，自己也不例外。他假定死未必是坏事，这一假设源于对"好"的思考，而非世俗观念。他不预设生死优劣，以"人无法拥有真正智慧，但智慧确实存在"为前提，辩证探讨生死，在不确定中找到生的意义与直面死亡的勇气。即便做出最终决定，他仍谦逊承认生死何者更好唯有神知，以虔诚的哲学态度，为雅典人留下永恒的哲学命题。

【原典】

然而对于那些投票支持释放我的朋友们，趁现在主事之人还在忙碌，我尚未前往刑场，想与你们聊聊此事①。各位愿意的话，不妨多留片刻，反正也没什么能阻止我们交谈。作为我的朋友，我想和你们说说，该如何看待我如今的遭遇。

各位法官们，这么称呼你们才恰当，我遇到了一件怪事。平日里，每当我打算做任何不妥之事，哪怕是微不足道的小事，那熟悉的神示声音总会频繁出现②，及时劝阻我。

可今天，从清晨离家，到步入法庭，再到整个申辩过程，神示都未曾发出半点儿警示。以往我发言时，它常常会在中途打断我，可这次，无论是言语还是行动，它都没有提出任何反对。这究竟是为何③？我想告诉你们：或许我所遭遇的并非坏事，反而是一件幸事，那些认定死亡是灾难的人，恐怕误解了死亡的本质。在我看来，这便是有力的证明：倘若我此刻所经历的并非好事，那我熟知的神兆绝不会毫无反应。

我们不妨换个角度思考，或许能发现死亡极有可能是一件好事。死亡无外乎两种情形：其一，死亡意味着一切归于虚无，死者再无任何感知④；其二，正如一些人所言⑤，死亡是一场转变，是灵魂从现世迁移至另一个世界。

倘若死亡是第一种情况，即毫无知觉，仿若一场无梦的酣睡，那死亡无疑是天大的幸事。试想一下，若有人要从自己的人生中挑选出这样一个夜晚，即睡得深沉，连梦境都不曾侵扰，并将其与生命中的其他日夜相比较。细细思量后便会发现，无论是普通百姓，还是波斯大王⑥，能与这般安谧夜晚媲美的时光，都寥寥无几。若死亡就是这般光景，那它必然是值得期许的好事，因为永恒在此时看来，不过是一夜的漫长罢了。

然而若死亡是灵魂的迁移，且人们的说法属实，所有亡者都会聚于彼处，这难道不是更美妙的事情吗？法官们，当一个人抵达冥府，摆脱了现世这些所谓的法官，转而遇见那些真正的判官，据说在那里主持审判的米诺斯⑦、拉达曼提斯⑧、埃阿科斯⑨、特里普托勒摩斯⑩，以及其他生前正直的半神，这样的旅程又怎会毫无意义？

再者，能与俄尔普斯、穆塞欧、赫西俄德、荷马⑪这些伟大的诗人相会，诸位愿意为此付出怎样的代价？于我而言，若这一切是真的，即便死上多次也在所不惜。在那个世界里，与帕拉墨得斯^⑫、忒拉蒙之子埃阿斯^⑬，以及其他因不公审判而亡的古人相遇，并将自己的遭遇与他们的相比较，想必别有一番滋味；而最令人向往的，莫过于像在现世这般，去审视、询问那里的人，分辨谁才是真正的智者、谁不过是自以为智。

法官们，能有机会与率领大军远征特洛伊的统帅交谈^⑭、能与奥德修斯对话、能与西西弗斯交流^⑮、能与无数传说中的人物来往^⑯，倾听他们的故事，探究他们的思想，这将是何等难以估量的幸福！更何况，倘若传言不假，那个世界的人们不会因言语冲突而轻易取人性命，他们比现世的我们更加幸福，且永生不死。

法官们，对于死亡，我们应当心怀希望。请坚信这一真理：无论生前死后，正直善良之人绝不会遭受厄运，神明也绝不会漠视他们的命运。我如今所经历的一切绝非偶然，在我看来，此刻离世、摆脱尘世烦扰，实则是更好的选择。正因如此，神明的预兆从未阻拦我前行，我也并不怨恨那些投下反对票的人，以及对我提出控诉的人。他们之所以这样做，并非出于正义，而是妄图加害于我，这一点着实应当受到谴责。

在此，我仅有一个小小的请求：待我的儿子们长大成人，如果他们重钱财而轻美德，或是徒有虚名却无真才实学，恳请诸位能像我曾经"烦扰"你们一样，对他们进行劝诫。希望你们能像我批评你们时那样，指出他们没有将精力放在真正重要的事物上，不过是自视甚高却毫无价值。倘若你们愿意这么做，我和我的儿子们便算是得到了公正的对待。

此刻，分别的时刻已至。我即将奔赴死亡，而你们继续活着。至于我们谁的归宿更为美好，除了神明，无人知晓答案。

【注解】

① 关于苏格拉底讲述内容，有观点认为其说话声音低微，仅靠近者可听清；有看法称说到后面时审判现场只剩支持者，其他人已离场；还有解读基于雅典审判流程，认为苏格拉底本不应有机会发表后续演说，推测他或许只与支持者交流，柏拉图添加了其面向反对者的言论内容。事实上，学界对这部分言

论是否为苏格拉底本人所说始终存在诸多争议。

②"法官们"字面意为"正义者"，此前苏格拉底一直刻意避开这一法庭常用称呼，以"雅典人啊"相称，却在面向支持自己的人发言时使用该称谓。似乎只有面对真正秉持正义者，他才深入探讨死亡的本质。在此番论述中，苏格拉底列举神灵向人类传递讯息的多种方式，有观点认为这是他首次将自身感知的特殊信号纳入其中。色诺芬《申辩》虽也提及该信号，但谨慎贴合希腊传统宗教理念，而柏拉图的叙述则无此顾虑。

③这一内容进一步证实，所谓的启示并非来自具象的神明，而是神灵传递的抽象信号。苏格拉底无意探究神灵发出此等信号的缘由，而是着重思索该信号未曾显现背后蕴含的意义。

④这种观点源自荷马。有阐释认为，荷马的理念根植于当时的灵肉认知体系。他深信身体是人类最为本质的核心部分，因而产生了这样的见解。然而在后续的希腊文化发展进程中，关于灵魂与身体的观念出现了显著转变。尤其是随着人们越发将灵魂视作人的本质所在，对于死亡的认知和以往相比也产生了极大差异。

⑤ 这一观点并非当时广为流传的主流认知，而是仅为俄尔普斯、毕达哥拉斯等少数思想流派所持有的独特见解。

⑥ 由于波斯国王坐拥巨额财富，统治着幅员辽阔的帝国，在希腊人眼中，他往往被视作世间最幸福的人。

⑦ 古代克里特君主米诺斯生前以正义著称，曾清剿海盗、据传为克里特制定律法，还要求雅典每年进贡七对童男童女献祭岛上怪兽，后被忒修斯斩杀怪兽解救。此后雅典每年举行仪式纪念忒修斯，苏格拉底被判死刑后未立即执行，正因此仪式正在进行。此外，《奥德赛》中曾描述，奥德修斯游历冥府时，见到米诺斯身处冥府的法官群体之中。

⑧ 拉达曼提斯作为米诺斯的胞弟，同样享有公正贤良的美誉。诗人品达曾提及，他掌管着幸福岛，即传说中善人离世后的归宿之地。

⑨ 品达曾记载，埃阿科斯是爱琴海地区的立法者，甚至还负责裁决诸神之间的纷争，不过并未提及他审判亡灵。然而在《高尔吉亚》中，苏格拉底提出，米诺斯、拉达曼提斯与埃阿科斯担任着冥府法官的角色。有观点指出，米诺斯、拉达曼提斯和

埃阿科斯皆为宙斯之子，因此都具有半神身份。

⑩特里普托勒摩斯是阿提卡地区厄琉息斯国王克琉斯之子，从女神德墨忒尔处习得作物生长与收获奥秘。现存希腊文献仅一处记载其在冥府担任审判者，而雅典花瓶绘画中，他常与拉达曼提斯、埃阿科斯一同审理死者，却无米诺斯，这或因雅典人受忒修斯传说影响抵触米诺斯。可见，在这些艺术创作与传说故事中，雅典人融合了俄尔普斯神话与厄琉息斯传说。

⑪这四位诗人在希腊文化中的地位举足轻重，其中俄尔普斯与穆塞欧或为传说人物。《普罗塔戈拉》《理想国》按俄尔普斯神话脉络常将二者并列，阿里斯托芬《蛙》中四位诗人的排列顺序与此处完全一致。有解读认为，当时希腊已形成以此顺序排列四位诗人的惯例，故不能仅因此处出现俄尔普斯和穆塞欧，便判定柏拉图的创作受俄尔普斯传统影响。

⑫帕拉墨得斯参加希腊对特洛伊战争时，因与奥德修斯结怨被以通敌罪名拘禁，最终遭希腊军队以石刑处死。埃斯库罗斯、欧里庇得斯、索福克勒斯都曾创作《帕拉墨得斯》悲剧，均失传，高尔吉亚的《帕拉墨得斯的申辩》留存至今。有学者因柏拉图

对话与高尔吉亚作品有相似语句，推测柏拉图撰写苏格拉底《申辩》时可能借鉴其创作，但有解读指出这些多为当时常用表述，无法证明两者存在关联。在色诺芬《申辩》中，苏格拉底提及过帕拉墨得斯的申辩。第欧根尼·拉尔修称欧里庇得斯在《帕拉墨得斯》中提到苏格拉底的申辩，不过从时间线来看，欧里庇得斯早于苏格拉底16年离世，该说法显然不合常理。

⑬ 埃阿斯是特洛伊战争时期声名远扬的希腊勇士。阿喀琉斯战死后，他与奥德修斯围绕阿喀琉斯遗留的盔甲展开争夺。最终，奥德修斯通过不正当手段赢得胜利。心有不甘的埃阿斯决意复仇，计划刺杀奥德修斯与阿伽门农，却遭雅典娜施法使其陷入疯癫。神志不清的埃阿斯误将一群羊当作敌人屠戮。待他恢复清醒，面对如此荒诞行径，羞愧与悲愤交加，最终选择结束自己的生命。

⑭ 这里所指的是希腊军队的最高统领。苏格拉底在论述过程中，并未直接提及这位统帅的姓名，即阿伽门农，就如同先前他也未曾直接道出阿喀琉斯之名一样。

⑮ 在《伊利亚特》中，西西弗斯被赞"最为机敏狡黠之人"，

与奥德修斯同以聪慧狡黠闻名。阿伽门农也被与他们相提并论，有解读认为柏拉图或受当时观点影响，即阿伽门农统领大军并非靠军事才能。苏格拉底提及的这些人物虽具小聪明，却缺乏真正的德行，这与当时的诸多政治家颇为相似。

⑯ 此处论述提及 12 个人物，与此前提到的 12 位在场学生及其父辈长辈数量一致。苏格拉底列举的人物呈渐进式变化，与他的关系越发紧密。最初的四位法官象征正义化身，不会审判苏格拉底；接下来的四位诗人是全体希腊人渴望遇见的对象，传播冥界概念及其余九人事迹；随后的两位蒙冤者的遭遇与苏格拉底相似；最后三位统治者，苏格拉底表示将对其审视，预示他在冥界将按政治家、诗人、工匠顺序开启审视之旅。四组人物排列逻辑清晰，从纯粹正义象征，到有影响力的诗人，再到蒙冤的正义之士，最后到贪婪狡诈的统治者。这三位国王虽身居高位却看似智慧实则不然。冥界与人间的差异不在于前者皆正义，而在于其阶层秩序依正义原则构建，恰似"理想国"的雏形蓝图。

【点评】

《申辩》演讲进入最后的神话与诗意篇章，从戏剧效果而言，此部分意在安抚支持者，消除审判带来的灾难感；从对话架构来看，它在整体中有着不可或缺的作用。苏格拉底毕生倡导理性探究，柏拉图却让他在此引入一段冗长神话，而色诺芬的记录中并无此类内容。尽管难以考证历史上苏格拉底是否真的谈及这一话题，但显然柏拉图将其视为《申辩》的最佳收尾方式，且这种死后世界的神话与《王制》《高尔吉亚》《斐多》结尾的相关内容相呼应。

这段神话在《申辩》中意义重大：它将视角从尘世审判中的恐惧、焦虑与妒忌，转向超越现实的层面，一定程度上弱化了人类局限性的束缚。同时，这段神话还体现了苏格拉底独特的反讽风格。他对死后世界的想象源于传闻，未经哲学深度探讨，也不强制支持者认可，却借此把冥府描绘成哲学家的天堂，与那些处死他的雅典人的心态形成强烈反差，本质上是以反讽的视角审视当下。

审判结束后，法官们还需处理后续事务，比如安排苏格拉底移送监狱，若他们此前预期苏格拉底会选择流亡，此时或许会感到意外。然而苏格拉底在被判死刑后，仍选择与志同道合者探讨死后世界，他希望通过这种哲学对话，向悲痛焦虑的友人传递自己内心的平静，以此安抚众人。苏格拉底将此次判决视作神意的体现，他回顾过往，每当自己可能犯错时，神示总会及时出现阻止；而在判决当日，神示始终未曾显现，这反而让他更加确信，自己的所作所为合乎神意。

苏格拉底在辩护过程中，以"诸位法官"称呼陪审团，这一称谓既非对其能力的褒奖，也不是对审判公正性的认可。在他看来，几乎无人真正领悟正义的内涵，更缺乏践行正义的觉悟，因此他始终未使用"法官大人"这一带有尊崇意味的称呼。值得玩味的是，"法官大人"这一称呼仅在莫勒图斯面向陪审团发言时出现，相较于苏格拉底，莫勒图斯的使用反而显得更为契合场合。

苏格拉底提到的"以下两种情况之一"，并非是对灵魂不朽观点的质疑，毕竟在《斐多》中，他已对此展开过充分且令人信服的论证。此处，他实际上是在引述哲人们对灵魂的两种分歧观点：一部分哲人认为肉体死亡后，灵魂也随之消亡；另一部分则坚信灵魂能够超越肉体的界限而存续。苏格拉底强调，无论基于哪种观点，死亡都不应被视作坏事。若死亡如同一场永恒无梦的沉睡，人们便能彻底摆脱现世的喜乐与痛苦；若死亡仅意味着肉体的消逝，而精神得以留存，那么在肉体消亡后，精神不仅能够继续存在，还能与正义之士交流，从而获得纯粹而完美的幸福。这番论述，主要是面向那些与他一样坚信生命终将走向幸福彼岸的人，并且他更着重于勾勒永福的美好图景。

苏格拉底将死亡比作无梦的长夜，尽管在论证死亡是"更美好、更快乐"的过程中存在逻辑瑕疵，但依据他追求美好快乐的价值标准，死亡对每个人而言仍具有积极意义。他认为，人死后若能与真正正义且智慧的人相遇，便能更好地关照自己的灵魂。苏格拉底先以刚结束的审判为例，指出摆脱"所谓的法官"后，死亡所带来的益处具有普遍价值，随后才深入探讨这一观点对自身的意义。此外，基于希腊传统观念中死者灵魂会以无形状态继续存在，或居于哈得斯，或栖身至福岛等认知，他在《申辩》中提及法官、诗人和英雄三组人物，进一步深化了对死亡及身后世界的思考。

苏格拉底大胆设想，若传统死亡观念成立，他在死后的世界将有机会审视荷马、赫西俄德等已超脱生命局限的先贤。值得注意的是，他此前对埃阿斯和帕拉墨得斯流露出的同情，实则已为读者对奥德修斯形成负面印象埋下伏笔。尽管《奥德赛》对奥德修斯的品格予以赞誉，但在索福克勒斯等作品以及《申辩》构建的伦理语境中，奥德修斯却成了表里不一者的典型代表。

在《申辩》里，苏格拉底始终未提及过往哲学生涯中的女性对话者，这与当时雅典妇女深居简出的社会状况相契合，并不令人意外。然而，阿尔喀比亚德在赞颂苏格拉底时曾证实，妇女们也曾听闻过他的言论或相关转述，相关记载也表明他与非雅典本地自由民妇女有过交谈。此外，从苏格拉底的言论中不难看出，他颇为看重斯巴达和克里特的某些特质，还特意提及过去声名远扬的聪慧女性，甚至能说出她们的名字，以及宣扬灵魂不朽、在神事方面见解独到的女祭司。但不可否认的是，柏拉图笔下的苏格拉底也展现出明显的厌女倾向。

苏格拉底提及的"省察……幸福"，其核心目的在于审视那些他渴望交流的对象生前秉持的原则与智慧，避免这些人在尘世苦难结束后，其思想中的谬误仍继续存在。在他的价值体系中，死亡属于"小善"，年老带来的困扰则为"小恶"。苏格拉底通过审视他人来照料自己的灵魂，对他而言，摆脱这种"困扰"并非更好的选择。关于他最后的请求，从"儿子得到告诫便是正义回报"的言论来看，将其理解为面向整个陪审团更为合适，而并非仅针对投票反对他的陪审员。

苏格拉底以反讽的口吻，请求控告者在自己死后承担起提升儿子道德修养的责任。这一举动看似未尽到为人父的责任，因而遭到诟病，然而恰恰彰显出他不为世俗观念所束缚的精神。他让控告者"像自己一样"从反面"惩罚"儿子，字里行间讥讽意味十足。但这既不是因为他对神明过度虔敬，也并非出于赌气，试图让控告者在自己孩子身上验证"败坏青年"的不实指控，其背后的深意值得深入探究。

苏格拉底将教育年轻人视为毕生使命，致力于引导他们探寻值得过的生活。然而，他在对待自己儿子时，未曾流露出世俗意义上的温情，这种态度常被现代人指责为冷漠。例如，他拒绝带儿子到法庭向法官求情，这一行为一方面展现了他不与世俗同流合污的高洁品格，另一方面也引发了人们对其父爱表达方式的争议。在申辩过程中，苏格拉底对"控告者"与陪审员的表述一直存在解读分歧。从原文来看，他以第二人称"你们要"直指控告者与反对者，这样的表述极具戏剧性；而托付儿子的言论，表面上是以特殊方式安排后事，实则借此表明他"唯有关注灵魂，方能免受谴责"的核心立场。

苏格拉底最后的言论，既评判了审判双方的"结局"，又以从容淡定的赴死姿态践行使命，与整部《申辩》的基调完美契合。在这场充斥着偏见与恶意的审判中，真理被歪曲，善意遭诋毁，劝人向善之举反被判为罪行，这不仅凸显了苏格拉底申辩时的艰难处境，更彰显出他坚守信念的伟大。最终，他坦然接受死亡判决，宽恕控告者，一句"我即将奔赴死亡，而你们继续活着。至于我们谁的归宿更为美好，除了神明，无人知晓答案"，尽显其对生命的尊重与对崇高理想的矢志不渝。